한국 최초의 개신교 순교자

로버트 J. 토마스

한국 최초의 개신교 순교자
로버트 J. 토마스

2017년 12월 11일 인쇄
2017년 12월 15일 발행

편저자 | 민경배
발행인 | 김영호
발행처 | 도서출판 동연
등 록 | 제1-1383호(1992년 6월 12일)
주 소 | 서울시 마포구 월드컵로 163-3
전 화 | (02) 335-2630
팩 스 | (02) 335-2640
이메일 | yh4321@gmail.com

ISBN 978-89-6447-390-0 03900

이 도서의 국립중앙도서관 출판예정도서목록(CIP)은 서지정보유통지원시스템 홈페이지
(http://seoji.nl.go.kr)와 국가자료공동목록시스템(http://www.nl.go.kr/kolisnet)에서
이용하실 수 있습니다. (CIP제어번호 : CIP2017031401)

그가 주고받은 편지들, 기록들

한국 최초의 개신교 순교자
로버트 J. 토마스

민경배 엮음

Robert Jermain Thomas

동연

나의 날이 지나갔고

내 계획, 내 마음의 소원이 다 끊어졌구나

(욥기 17:11).

한 알의 밀알,

로버트 J. 토마스 목사의 자취

01 **하노바교회 벽에 걸려 있는 로버트 제르메인 토마스 사진**

목사 로버트 제르메인 토마스, B.A.

한국에 처음 간 프로테스탄트 선교사

1866년 한국주민들에게 현장에서 죽임을 당하다.

연령 27

02 **토마스의 부친 로버트 토마스 목사**

03 **토마스 목사와 그의 아내 캐롤라인 고드페리**

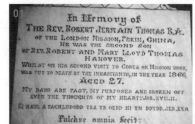

01 하노바교회 벽에 걸려 있는 토마스 순교 기념비문

    나의 날이 지나갔고 내 계획, 내 마음의 소원이 다 끊어졌구나(욥기 17:11)

02 토마스가 다니던 하노바교회: 토마스의 부친이 담임하던 교회

03 하노바교회 목사관/ 교회당 맞은편

04 로버트 토마스가 다닌 런던대학교 뉴 칼레지(527 Finchley Rd., London, N.W.3)

05 런던선교회 상해총무 조셉 에드킨스 박사

06 그리피스 존

　런던선교회 파송 선교사로 중국 선교와 근대화에서 지대한 공헌을 남김

07 중국해상세관 관장 로버트 하트 경

01 상해해상세관 직원들

02 토마스의 최후 편지(1866.8.1일자)
03 그리피스 존의 편지(1865.5.5일자)

01 윌리엄 무어헤드의 편지(1864.12.8일자)

02 조셉 에드킨스의 편지(1866.7.25일자)

03 불란서함대 사령관 로즈 제독

04 로즈 제독의 불란서 군함 구에리어호

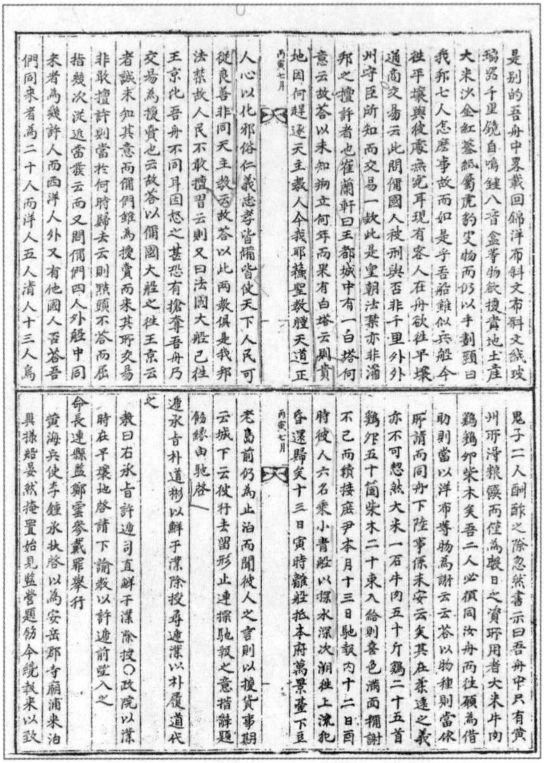

是別的吾舟中累載回錦洋布斜文布斜文緞玻
璃器千里鏡自鳴鍾八音盒等物欲換賞地土産
大米沙金紅蔘紙屬虎豹皮物而仍以手劃頸曰
我邦七人怎麽事故而如是乎吾船雖似兵船今
往平壤與彼處無究耳現有客人在舟欲往平壤
通商交易云此間備國人被刑與否非千里外外
州守臣所知而交易一款此是皇朝法禁亦非藩
邦之擅許者也崔蘭軒曰王都城中有一白塔何
意云故答以未知拘立何年而果有白塔云則賁
地因何趕逐天主教人今我耶蘇聖教體天道正

丙寅七月

人心以化邪俗仁義忠孝皆備皆使天下人民可
從良善非同天主教云故答以此兩教俱是我邦
法禁故人民不敢擅習云則又曰法國大船已往
王京犯吾舟不同耳因愁之甚恐有搶奪吾舟乃
交易為換貨也云故答以備國大船之往王京云
者誠未知其意而備們雖為換貨而來其所交易
非敢擅許則當於何時歸去云則點頭不答而屈
指幾次泚近當發云而又問備們四人外船中同
來者為幾許人而西洋人外又有他國人否答吾
們同來者為二十人而洋人五人清人十三人烏

鬼子二人酬酢之際忽然書示曰吾舟中只有黃
州所得粮饌而僅為數日之資所用者大米牛肉
鷄鷄卵柴木矣吾二人必須同汝舟而往願為借
助則當以洋布等物為謝云云答以物種則當依
所請而同舟下陸事係未安云矣其在柔遠之義
亦不可恝然大米一石牛肉五十斤鷄二十五首
鷄卵五十箇柴木二十束入給則喜色滿面稱謝
不已而續接庶尹本月十三日馳報內十二日酉
時彼人六名乘小青船以探水深次溯往上流犯
昏還歸矣十三日寅時離船抵本府萬景臺下豆

丙寅七月

老島前仍為止泊而聞彼人之言則以換貨事期
云城下云彼行去留形止連探馳報之意措辭題
飭緣由馳啓
遆永吉朴道彬以鮮于瀿除授尋遆瀿以朴履道代
之
教曰右承旨許遆司直鮮于瀿除授○政院以瀿
時在平壤地啓請下諭教以許遆前塋入之
命長連縣監鄭雲參戴罪擧行
黃海兵使李鍾承狀啓以為安岳郡寺廟浦來泊
異樣船晏然掩置始見監營題飭今纔報來以致

01

01 **일성록(日省錄) 1866.8.21.**

토마스가 기독교는 천주교와 다르다고 설명

米一石牛肉三斤鷄子六十箇菁菜二十束柴木二十丹入給料而彼船
離發之前有難徑歸姑嗇津頭近處以觀動靜而洋人姓名多違律著
及船隻廣器械什物遊修成冊上送矣登問情之際由多遵謀以致修報
之經日不勝惶懔而一時到付臣營廬候申永寬間報及譯學李容肅手內
辭緣與使所報同然而鯨次黃州牧使九日中時鏡報內開一時大植彼人問
情報之由矣蹀彼人所請米肉等物辦備隨往以止泊廬綸之意自申中時彼船由
發向年壤之事生跌做錯容或無怪而大抵牧牧本非沿海之邑所以當中彼回船由
難綠伺察動靜之意自邑擅便極涉未安而地方官如何問情以送船由所以當
罪見寺地故爲生廬做此之節各別擧行之意發關嚴飭彼人姓名以
黃州等地沿海各邑瞭望守之節云云船各別擧行之意發關嚴飭彼彼人姓名以
年歲容貌服着居住船隻廣器械什物一依該兵使所報開錄于後拉以
馳啓
崔蘭軒年三十六長七尺五寸面鐵頭髮黃圍鬒黑服色則灰色氈帽黑白
班祴單衫黑皮靴子腰佩有草帶佩小洋銃及環刀文職四品英吉利人也何
蔦特年三十七長七尺面鐵髮黃鬒鬒鬈服色則白洋布裏帽黃繭單衫袴

02

除朝辭往赴○議政府啓卽見平安監司朴珪壽狀啓則平壤防水城所泊洋
船掠奪商船銃放所及我人被殺七人被傷亦爲五人董督營府隨機應變期
卽殄滅高敞矢向以采遠之義肆其惡始就雷
中軍終又傷害人民何可一任猖獗乎凡諸軍務使道宜便宜事盡行勦除除
何如允之○曹啓黃右漕船致政於萬頃太島米八百二十七石太六石
己採出自地方官奪其責上以趙球高畀曹運差使員今該府宰門處之趙送盡色從重
忠監司申櫶所報則海營張致京李斗成嚴飭成造味島米八百二十七石太六石
安春得送沁營祭殺害我人其所制勝之策莫先於火攻一齊放火焚燒
今道臣龜營張致我人其所制勝之策莫先於火攻一齊放火焚燒
科治河四之○二十六日以趙球運差使員今該府宰鞱從違造味島米八百二十七石太六石
壤底尹申泰鼎冒銃砲心力合助水城壞全功竟滅之典誠未有副將拘執之辱旣不免
彼船益肆轟祀放銃殺我人其所制勝之策莫先於火攻一齊放火焚燒
悠齊會打彼其餘殘滅壞始遺全城驚始可鎭定兼中軍鐵山府使白樂淵平壤中軍
您齊會打彼其餘殘滅壞全城驚始可鎭定兼中軍鐵山府使白樂淵平壤中軍
壞底尹申泰鼎冒銃砲心力合助水城壞全功竟滅之典誠未有副將拘執之辱旣不免
知如何當初與船之入我境旣不能防守至有副將拘執之辱旣不免
兩寅

03

Photo # NH 61570 USS General Sherman, 1864

REV. R. J. THOMAS, THE FIRST PROTESTANT MARTYR IN KOREA,
AND THE THOMAS MEMORIAL CHURCH. PYENGYANG, KOREA.

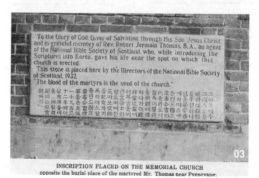

To the Glory of God, Giver of Salvation through His Son, Jesus Christ,
and in grateful memory of Rev. Robert Jermain Thomas, B. A., an agent
of the National Bible Society of Scotland, who, while introducing the
Scriptures into Korea, gave his life near the spot on which this
church is erected.
This stone is placed here by the Directors of the National Bible Society
of Scotland, 1932.
"The blood of the martyrs is the seed of the church."

INSCRIPTION PLACED ON THE MEMORIAL CHURCH
opposite the burial place of the martyred Mr. Thomas near Pyengyang.

01 토마스가 탔던 미국 선박 제너럴셔먼호
02 토마스가 순교한 평양 장리에 세운 토마스 기념교회당(1932)
03 기념교회당 벽에 새겨진 토마스 기념비문

04 토마스 기념 전도선 1933.7.1.

05 불탄 제너럴셔먼호의 쇠사슬과 닻이 걸려 있다고 전해진 평야 대동문(大同門)

06 영국 웨일즈 *The Welsh Times*의 1950.7.24일자 기사

1973

s. Moffett

Gen. Sherman Affair

Thomas First Protestant Martyr

Forerunners of Change

By SAMUEL H. MOFFETT

About the middle of August, 1866, an American schooner, the General Sherman, loaded with cotton, glass and tinplate, nosed its way into the mouth of the Taidong River. Deceived by a combination of exceptionally high tides a n d flood, and lured by hope of trade with the forbidden ancient capital, Pyongyang, some 48 km inland, it proceeded up-river. It never came back down again. The s h i p completely disappeared w i t h its entire crew of 23 men, (four Westerners, 19 Chinese and Malay sailors) and one Welsh missionary, the Rev. Robert Jermain Thomas.

For the next two years and more t h e American government sought in vain to learn the fate of the Sherman. Its Minister to China, Anson Burlingame was answered belligerently by the Korean government. Yes, a ship had burned and sunk on the Taidong, but it was British and furthermore Korea would resolutely repel all foreign invaders.

Naval Ship Dispatched

Two naval ships were dis-

graphy, entitled "The Naughty Missionary," comes closer to the real Thomas. It is by the librarian of his mission board, and perhaps is colored by the fact that Thomas was forever at odds with headquarters. But he was rarely at peace even with his fellow missionaries.

In fact, his own mother once wrote all the way to China to chide him for being such a "wandering star."

I once spent a day in the dusty archives of the London Missionary Society reading old letter to and from the controversial Mr. Thomas. "Rash," "unwise," "dictatorial," "irresponsible" — these are the adjectives that keep cropping up in descriptions of him. I nevertheless, came away with a genuine liking for the man. His halo may have been a bit askew, but at least he earned it.

Robert Jermain Thomas was born September 7, 1839 in Rhayader, Radnorshire, Wales, where his father was the Independent (Congregational) minister. Soon thereafter t h e family moved to Hanover, near Abergavenny in s o u t h e r n Wales, and when he was only

missionary ways seemed crabby and small. Abruptly, in December, he resigned from the mission after only one year in China. His colleagues were not altogether sorry. "Mr. Thomas has left us," one of them wrote, "and joined the Imperial Maritime Customs which I think will suit him much better than Missionary work."

It didn't. Within a month the changeable Welshman was back pleading to be readmitted to the mission. "Forgive the past," he asked. "I was rash, too independent..." It was not that he disliked the new work he had been offered by (later Sir Robert) Hart as interpreter in t h e Customs House at Chefoo. The Customs Service paid better than anything the mission could offer, and gave free rein to his linguistic accomplishments which were flatteringly noticed. But he w a s still a missionary at heart.

"Send me to Mongolia," he suggested to the home board through a friend. "I know Russian and have a liking for the Mongols." A n y w h e r e but Shanghai! And the Society took him back, very graciously indeed, appointing him to Peking which was at least on the r o a d to Mongolia. But mails were slow between China and London. It as within a few weeks of a full year before he received the board's answering letter, and by then he was no longer interested in Mongolia. He had been to the "unknown country" of Korea and back and was dreaming new

Rev. Robert Jermain Thomas

ander Williamson, agent in vinces of Corea and have ma Chefoo of the National Bible numerous vocabularies a

01

01　한국 *The Korea Herald*의 1974.4.22일자 기사

로버트 제르메인 토마스, 그 실체를 찾다

로버트 제르메인 토마스! 우리 귀에 잘 알려진 이름이다. 한국 최초의 프로테스탄트 순교자. 꽃다운 27세의 나이에 한국 대동강에서 그 고귀한 생명을 우리 주님을 위해 몸 바친 영국 웨일즈의 청년이다. 묘한 것은 그의 생일이 9월 6일인데 순교한 날이 9월 5일이다. 꼭 26년을 채운 바로 그날에 순교한 것이다.

우리는 이제 그의 진실된 한 인간의 모습, 그가 선교하고 살다간 당시 상황을 실체 그대로 눈으로 볼 수 있게 되었다. 그가 직접 쓴 편지들과 그와 교신한 이들의 편지 그리고 당시의 기록들 전부를 망라해서 생생하게 살펴 볼 수 있게 되었기 때문이다. 그 친필의 편지들을 찾아서 당시 갓 출시한 제럭스로 복사해 올 수 있었기 때문이다. 그 내력은 이렇다.

오래 전(1969~1970) 필자가 영국 런던에 유학 할 때에 다닌 대학교가 런던대학교 뉴칼레지인데, 그 대학이 바로 로버트 제르메인 토마스가 다닌 대학이었다는 것을 알게 된 것이다. 그것은 실로 우연히 알게 된 사실이었다. 미리 알고 간 것이 아니었다. 한국인으로 한국에서 최초로 순교한 선교사 출신 대학에 다닐 수 있었다는 것은 실로 일대 영광이 아닐 수 없었다. 그때의 놀라움과 감격을 어찌 다 말로 표현할 수 있으랴! 그런 사실을 알게 된 내력은 이렇다. 곧,

필자가 유학하고 있었던 뉴칼레지의 교회사 교수는 청교도 연구의 세계적 권위 나탈(Geoffrey F. Nuttall) 박사였다. 어떤 날 우연히 나탈 박사와 담론하던 중 한국 최초의 순교자가 토마스 목사라고 하면서 에딘바라대학교 뉴칼레지 출신이라고 하였던 것이다. 그랬더니 한참 듣고 있던 나탈 박사가 갑자기 문제를 따지기 시작하였다. 첫째 로버트 제르메인 토마스(Robert Jermain Thomas)라는 이름인데, 영어에서 대개 이름으로 쓰이는 것이 성(姓)으로 쓰이는 경우는 영국 웨일즈계 밖에 없다는 것이었다. 토마스라는 것은 대개 이름으로 쓰인다. 가령 민경배할 때 민은 성이고, 경배는 이름이다. 대개는 Thomas Edison, Thomas Jefferson처럼, 토마스는 이름으로 쓰인다. 한데 그런 이름이 성으로 쓰이는 것이 곧 웨일즈계라는 것이었다. 로버트 제르메인 토마스라고 했을 때 토마스는 여기서 성(姓)이다. 그렇다면 그 사람은 영국 웨일즈계 사람이라는 판단이 섰던 것이다.

다음 〈뉴칼레지〉인데 영국에는 이런 이름을 가진 대학이 세 곳 있다는 것이었다. 곧 에딘바라, 옥스퍼드 그리고 런던이라는 것이다. 바로 그때 이야기하고 있는 대학이 뉴칼레지인데, 갑자기 우리는 흥분하기 시작하였다. 토마스가 웨일즈계 영국인이면 멀리 스코틀랜드의 에딘바라까지 공부하러 갔을 리가 없다는 판단 때문이었다. 우리 둘이는 갑자기 튀어 올랐다. 대학기록물 보관소에 가보자고 벌떡 일어선 것이다. 마침 나탈 박사가 도서관장이란 직책 때문에 기록물 보관소에 뛰어 들어서 문서를 살펴보기는 아무 문제가 없었다.

상상해보기 바란다. 우리 두 사람이 먼지 덮인 1860년대의 옛날 교수 회의록, 이사 회의록을 막 뒤지다가 로버트 제르메인 토마스의 이름을 도처에서 찾아 낸 것이다! 바로 그 토마스의 이름을 여기서 찾아낸 것이다. 그 감격과 충격을 무엇으로 표현할 수 있으랴! 복사가 허락되지 않아서 토마스의 이름이 나오는 기록 건수(件數)마다 다 카드에 정성들여 기록하기 시작하였던 것이다. 이틀이 걸렸다.

그때까지만 해도 우리는 백낙준 박사의 예일대학교 박사논문(1926)에 나타난 토마스가 스코틀랜드 애딘바라대학교의 뉴칼레지 출신인줄로만 알고 있었고, 스코틀랜드 출신인줄로만 알고 있었다. 사실 그렇게 볼만한 이유가 전혀 없었던 것은 아니다. 토마스 목사가 순교할 때는 스코틀랜드국립성서공회와 연결되어서 파송

왔던 신분이었기 때문이다. 평양의 토마스 목사 기념 예배당도 스코틀랜드국립성서공회 이사회에서 세운 것이었기 때문이다.

한데 이제 그의 정확한 신분을 알게 되었고, 그의 대학 생활 전모도 알 수 있게 된 것이다. 하나님 감사합니다.

그렇게 흥분하고 자료들을 모으는 과정에서 토마스가 런던선교회(London Missionary Society) 파송 중국선교사로 상해에 간 사실을 알게 되었고, 그래서 런던선교회의 기록물보관소 곧 리빙스톤 라이브러리(Livingstone Library)를 찾아갔던 것이다.[1] 1970년 4월 25일의 일이다. 거기서 아주 친절한 사서(司書)로 계신 프레처 여사(Mrs. I. M. Fletcher)를 만났다. 프레처 여사는 1958년 8월에 오문환(吳文煥) 교수의 방문을 받았던 이야기를 들려주었다.[2] 그리고 정말 뜻밖에 토마스 자신의 서신은 말할 것도 없고 그가 주고받은 편지 전부를 복사할 수 있게 '은혜'를 베풀어 주었고, 그 도서관에서 이미 편찬해 놓은 토마스 목사 관계 서신 전부 한 세트를 복사할 수가 있었다. 할렐루야! 금광맥을 찾은 감격과 환호가 하늘을 찔렀다. 여기 편집해 놓은 것들이 다 그때의 자료들이다. 이 놀라운 일을 다 표현할 수 있는 수사(修辭)가 따로 없다. 프레처 여사에게는 그 후 몇 번 문안 편지를 드렸다.

---

1 11 Carteret Street, Westminster, London, S.W.1. United Kingdom.
2 1903~1962. 숭실전문학교 졸.

토마스 목사의 고향을 찾아가다

나탈 박사는 계속 토마스 목사에 대한 관심과 열의를 잃지 않았다. 뉴칼레지가 원래 회중교회(會衆敎會) 관계 대학으로 웨일즈 교회와 인연이 깊었다. 웨일즈에 회중교회 교세가 높은데다가 뉴칼레지 교수회의록에서 토마스가 웨일즈 하노바 회중교회 목사 아들이란 것이 밝혀졌기 때문이다. 나탈 교수는 이렇게 헤서 웨일즈의 회중교회 목사로 뉴칼레지와 가깝게 지내는 분을 한분 소개하여 주었다. 웨일즈 스완시 시의 회중교회 목사 데이비스(Rev. W. T. Pennar Davies)였다. 한데 놀랍게도 소식 듣고 그 데이비스 목사가 필자를 뉴칼레지로 찾아온 것이었다. 고맙고 반가웠다. 그래서 그때 한번 웨일즈로 토마스 목사의 고향에 가기로 했는데 데이비스 목사는 친절하게도 자기가 그쪽에 오면 안내하겠다고 나섰던 것이었다. 지금도 그의 맑고 환한 얼굴 모습이 뇌리에서 사라지지 않고 있다.

그래서 1970년 3월에 가기로 계획을 짜고 영국에 유학하고 있던 연세대 동료 교수들 곧 런던대학교에 있던 이경회 교수, 만체스터대학교의 양승두 교수, 사우삼스톤대학교의 차일환 교수 그리고 필자 이렇게 네 사람이 함께 가기로 준비를 하였던 것이다. 자동차를 하나 렌트했다. 동료 교수님들도 한국 최초의 순교자 토마스 고향에 간다고 하자 환호로 동행하기로 하였던 것이다. 그렇게 해서 우리들은 3월 26일에 렌트한 자동차로 런던을 떠났다. 첫날은 사우삼스톤에 가서 1805년 트라팔가 해전의 영웅 넬슨 제독이 탔던 영국함대의 기함 빅토리(HMS. Victory)호를 보고, 다음 날 웨일즈의 롸야다로 찾아갔다. 거기서 기다리던 데이비스 목사와 당시 하노바 교회(LLanover Chapel)3 목사를 반가이 만났다. 우리는 함께 토마스 목사 출신 교회요 그 아버지 로버트 토마스(Robert Thomas) 목사가 친히 목회하던 하노바교회를 찾아 갔다. 한국교회 역사의 창세기(創世記) 그 첫 장의 요람지를 찾아온 것이었다. 우리는 당시 교회의 담임목사인 에반스 목사를 만나고 우리를 기다리고 있던 그의 가족들과 목사관에서 반가이 만나 환담을 나누고, 함께 사진을 찍고 나서, 건너 쪽에 있는 교회로 향했다. 한국 초대 교회의 파노라마가 펼쳐지는 듯하였다. 토마스가 다니던 그 교회에 이렇게 오다니! 그가 걷던 교회당 앞들을 이렇게 걷다니! 감격과 감동으로 우리들은 숙연하여 한참 말문을 잇지 못하였다. 교회당에 들어서니 그 벽에 우리가 익히 알고 토마스 목사의 사진이 걸려 있었다.

> 목사 로버트 제르메인 토마스, B.A.
> 한국에 처음 간 프로테스탄트 선교사
> 1866년 한국 주민들에게 현장에서 죽임을 당하다
> 연령 27

---

3 LLanover 표기는 웨일즈 영어로 읽기는 Hanover, 곧 하노바로 읽는다.

그러고 건너 쪽 벽에 걸려있는 〈토마스 목사 기념비문〉에는 이런 글이 있었다.

문학사 로버트 제르메인 토마스 목사 추모

중국 북경에 런던선교회의 파송을 받았던 그는
본 하노바교회의 로버트 목사와 매리 로이드의 둘째 아들로
선교 사역 차 한국에 두 번째로 갔다가
1866년 그곳 주민들에게 죽임을 당하였다.
그의 나이 27세였다.

나의 날이 지나갔고 내 계획, 내 마음의 소원이 다
끊어졌구나(욥기 17:11).

그날 우리 한국인 교수들이 왔다고 하여 그 지역의 목사님들이 대거 우리를 맞아 주었다. 우리는 그곳 한 교회에서 그들과 반갑게 만났다. 웨일즈 독립교단 연합선교회의 총무 유안 존스(Ieuan Jones) 목사, 켄네트 존스(Kenneth E. Jones) 목사, 에드와드(R. E. Edwards) 목사, 트레바 왓츠(Trevor Watts) 목사, 에이피온 파우웰(W. Eifion Powell), 사무엘(H. Samuel) 목사, 루이스 에반스 박사(Dr. E. Lewis Evans), 이분들이었다. 우리는 감격으로 세계 역사

의 기적이라 불리고 있는 한국교회의 실질상의 첫 씨앗인 토마스 목사를 한국에 보내준 웨일즈 교회에 대하여 깊은 감사로 경의를 표하고 손을 굳게 잡았다. 거기서 함께 기념사진을 찍고 한국과 웨일즈 교회와의 혈연관계를 다짐하며 다들 울컥하여 말을 잇지 못했다. 웨일즈와 한국, 그렇게 맺어진 한 형제, 한 권속이 아니던가. 얼마 후 우리들은 다시 만날 것을 기약하고 아쉽게 이별의 악수를 나누었다. 그 이후 우리는 여러 차례 편지를 주고받았다. 고마운 분들 아직 잊을 수가 없다.

순교자 로버트 제르메인 토마스

로버트 제르메인 토마스(Robert Jermain Thomas, 1840~1866)[4]는 영국 웨일즈의 라드노주(Radnorshire)의 롸야다(Rhayader)에서 로버트 토마스를 부친으로, 마리 로이드(Mary Lloyd)를 모친으로 하여 태어났다. 토마스의 아버지는 몬마우스 주(Monmouthshire) 아버가버니(Abergavenny)에 있는 하노바교회 회중교회 목사로 시무하였다. 토마스 목사 동기들은 기록상으로는 자매가 리찌(Lizzie), 애니(Annie), 랄리(Lallie) 셋이다. 어떤 기록에는 〈사무엘처럼 어렸을 때부터 종교적 분위기에서 자랐다〉라든가, 그의 비문에 있는 것처럼 〈둘째 아들〉이라는 것을 보면 사무엘이란 형이

---

4 1839년 9월 7일이라는 곳도 있다.

있었던 것이 확실하다. 그렇다면 가족은 부모님과 2남 3녀의 남매들이다.

토마스는 15세 되던 해(1855)에 그의 부친이 목사로 시무하던 하노바교회에 정식으로 교인으로 등록하였다. 그리고는 다음 해에 1856년에 런던대학교에 입학하였고, 그 다음해에는 런던대학교 뉴칼레지에 등록하였다. 이 칼레지에서 그는 5년을 보냈고, 재학하는 동안에 밀스장학금(Mill's Scholarship)을 받았다. 1863년 5월에 23일 그 대학에서 문학사 학위를 수여 받는다. 그리고 런던선교회와 연결되어 해외선교사로 1863년 6월 4일 하노바교회에서 목사 안수를 받는다. 그 후 서둘러 다음달(1863년 7월 21일) 갓 결혼한 그의 사랑하는 아내 캐롤라인 고드페리(Caroline Godfery)와 함께 배편으로 중국 상해(上海)로 떠났고, 그해 12월 1일에 안전하게 도착한다.

그런데 다음 해(1864년) 3월에 그의 아내 칼로라인이 조산(早産)으로 세상을 떠나 홀몸이 된다. 낯선 객지에서 겪은 일이라 하늘이 무너지는 것 같았을 것이다. 설상가상으로 상해 주재 런던선교회 선교사 무어헤드(W. Muirhead)와의 인간적인 불화로 크게 상처를 입는다. 결국 그는 그해 12월 7일 런던선교회를 떠나 다음 날 지푸(芝罘) 해상세관(海上稅關)에 통역사(通譯士)로 취직한다. 하지만 다음해 1865년 7월 27일(8월 31일부) 세관을 그만두고 다시 런던선교회 복직을 타진한다. 그러나 영국 런던과의 거리가 멀어 회답이 늦어지고 있었다.

그 사이 그의 선교 여정에 커다란 변화를 일으키는 사건이 하나 터진다. 스코틀랜드국립성서공회(National Bible Society of Scotland)와 연결이 된 것이다. 그 성서공회의 만주 특파원 알렉산더 윌리엄슨(Alexander Williamson)과 손이 닿은 것이다. 그리고 한국 전도의 문제가 논의된다. 토마스는 결심한다. 한국에 가기로 하였다. 그는 그 성서공회가 제공하는 한문 성경과 종교 서적들을 잔뜩 걸머지고 1865년 9월 4일 자그마한 중국 범선을 얻어 타고 한국을 향해 떠난다. 그리고 나흘이 지나 9월 13일 서해안에 도착한다. 그리고서는 여기저기 겁 없이 다니면서 2개월 반을 한국인과 친근히 지낸다. 천주교인을 만나서 1864년 베르누 주교가 인쇄소를 차리고 간행한 한국말 교리서들을 한 세트 얻기도 한다.5 천주교의 거듭된 교난(敎難)으로 외국인에게 살벌하던 때인데, 이렇게 서로 친근하게 지냈다는 것은 토마스 목사에게 남다른 친화력, 인간적인 붙임성이 비상(非常)했다는 뜻이 된다. 그는 서울에까지 갈 심산으로 배를 탄다. 하지만 극심한 풍랑을 만나 구사일생으로 겨우 중국에 다시 돌아올 수 있었다. 1865년 12월초의 일이다.

하지만 다음해 1866년 7월 13일 토마스는 다시 한국을 향해 떠난다. 미국 국적의 '제너럴셔먼호'를 타고 떠나 평양 대동강에 들어갔다가 대동강 물이 빠지는 바람에 모래사장 위에 배가 좌초된다. 평양 주민들의 분노에 찬 공격으로 선박이 불타고, 토마스 역시 분

---

5 졸저(拙著), 『한국기독교회사』, 연세대학교 출판부, 2017, 92.

노한 주민들에게 붙들리어 죽임을 당한다. 1866년 9월 5일, 음력으로는 7월 27일의 일이다.[6]

인간 로버트 제르메인 토마스

이런 말을 다하고 나서 우리는 토마스 목사의 편지 전부를 여기 실으며 마음 깊은 곳에서 어떤 커다란 감동, 감격이 솟아오르는 것을 금할 길이 없다. 토마스 목사, 불쌍하구나 하는 생각에 눈물이 난다. 그의 순교는 영국 어느 신문에도 보도되지 않았다. 그를 파송하였던 영국의 런던선교회는 두 권이나 되는 두툼한 선교회 역사책에서 토마스 목사 이야기를 단 한 줄로 처리하고 만다. 처리한다고 하는 말이 맞다. "중국에서 자기가 일하도록 되어 있는 곳을 떠나 한국에 가더니 물에 빠져 익사한 것 같다!" 심지어 필자가 런던선교회에 찾아갔을 때 그 문서기록관의 사서인 프레처 여사가 자신이 토마스에 관한 논문을 하나 썼다고 하면서 하나 건네주었는데 그 제목이 *The Naughty Missionary* 곧 『버릇없는 선교사』였다. 그렇게 토마스가 일부에서 혹평을 받은 이유가 무엇이었을까? 한국 조정의 왕조실록(王朝實錄)이나 승정원일기(承政院日記) 같은 곳에서 그는 물론 침입자요, 적(敵)이다.

---

6 토마스 목사에 대하여서는 졸저(拙著), 『교회와 민족』, 연세대학교 출판부, 2007, 35~78 참조.

한 선교사를 바라볼 때에 대개 여러 다른 입장이 있을 것이다. 선교사를 파송한 선교기관, 파송 받은 선교지에 있는 다른 선교사들, 선교사 파송국의 관료들로 선교지에서 일하는 사람들, 선교를 받는 곳의 사람들, 그들 중 수용하는 이들과 반대하는 이들, 이런 여러 이해관계가 얽힌 부류의 사람들이 있을 것이다. 따라서 이런 복잡한 관계 속에서 움직이는 사람은 그 평가가 복잡하여 상반(相反)되고 상충(相衝)할 수도 있다. 더구나 그때만 해도 연락이나 교통이 근대적이어서 시간이 오래 걸려 문제나 그 문제 해결의 실마리가 쉽게 풀리기 힘들었다. 가령 토마스의 죽음에 대하여서도 정확한 정보가 없어서 1868년 10월까지도 살아있을지 모른다는 소문이 돌고 있을 정도였다.

토마스는 효심과 형제애가 깊었다. 중국에 처음 왔을 때 부모님과 누이들에게 보낼 선물을 편지로 의논하기도 하고 실제 몇 차례 보냈다. 부모에 대한 효심도 애틋하였다. 갓 결혼하고 1년도 같이 살지 못하고 객지에서 쓸쓸히 죽은 아내에 대한 애통은 그가 살던 상해를 떠나지 않을 수 없게 만들 정도로 혹심하였다.

한국에 대한 그의 관심은 북경에 찾아온 한국 동지사(冬至使) 일행과 친숙하게 지내게 되면서 깊어진 것으로 보인다. 더구나 그때 중국에 온 한국 조정의 동지사 일행이나 다른 관리들은 물론 중국을 왕래하는 한국 천주교인들과도 접촉하여 당장 친숙할 수가 있었고, 그래서 누구보다도 한국 천주교의 실정을 정확히 그리고 많이 알고 있었다. 그때 그는 한국 사정을 두루 살펴, 당시 외국인으로서는 상상도 할 수 없는 많은 정보를 가지고 있었다. 가령 당시 동래(東萊)에 일분군이 주둔하고 있었다든가, 러시아군이 한국의 서북 지역에 마구 쳐들어온다든가 하는 말들은 우리로서는 새로운 정보다.

더욱 놀라운 것은 그의 언어 능력이다. 그는 유럽의 여러 언어들을 자유롭게 구사하였고 동양의 중국말 이외에도 한국말, 몽골말, 러시아말을 하고 있었다. 품성도 아주 좋아서 중국 상류사회에서도 잘 어울리고 있었다. 이런 중국어 실력과 단정한 예의가 중국 상류사회에 진입하는 경로가 되었다. 이런 일은 북경에 있는 선교사들은 꿈도 꾸지 못한 일이었다. 1863년의 뉴칼레지의 학장 사무엘 노스(Samuel North, M.A.)가 토마스를 가리켜 "힘과 진실성과 영향력이 넘쳐서 아주 뛰어난 재질(superior talent)을 가졌다"라고 평한 사실이 입증된 셈이다. 런던선교회 파송 원로선교사로 중국 근대화에 공이 지대했던 그리피스 존(Griffith John)이나 중국해상세관 총재 하트 경(Sir. R. Hart), 현지의 러시아 공사(公使)나 미국 선교사들과도 친숙하게 지내고 있었다. 불란서 공사관 일등통역관 루만(M. Lemaine)이나 저 악명의 불란서 대리공사 베로네(M. de Bellonet)7와도 친숙하였고, 불란서함대 사령관 로즈(Admiral P. G. Roze)와도 가까웠다. 1865년 늦가을 제 1차 한국여행에서 돌아

---

7 더러는 Henri de Bellonet 로 표기한 것도 있다. 한국에서 천주교 신부 선교사들이 참수 당하였다는 소식을 듣고 1866년 7월에 한국을 쳐서 그 왕좌를 불란서 황제가 차지하리라고 격분하고 있었다. F. A. McKenzie, *The Tragedy of Korea*, London, Hodder & Stoughton, 1908, 5.

오던 중 피쯔우(貔子窩)에 표도(漂到)하였을 때에는 그 도시가 반도(叛徒)들에게 점령당하고 있었는데, 그들에게 성서 책을 나누어 주고 복음의 말씀을 전하면서 아주 즐거운 시간을 보내고 있었다는 기록이 남아 있다. 참 특이한 사람이었구나 하는 생각이 든다. 선교사로서 이 이상의 자질이 어디 있을까. 우리는 그에게서 근대 선교 사상(像)의 교본(敎本)을 보는 듯하다.

더구나 그는 금전 문제에 아주 청렴하여 잠시 일한 세관에서나 또 불란서 함대와 함께 한국에 가려고 할 때나 그 다음 '제너럴셔먼호'로 한국에 갈 때에 금전 문제를 논의하려고 하자 당장 말을 끊게 하였다. 선교사역은 개인의 문제가 아니라고 하면서 단호하게 거절하였던 것이다. 그런 일이 있었다는 것은 그런 선례가 있었다는 뜻이 아니겠는가.

우리는 이번에 그가 주고받은 편지들을 통해서 중국 사정이나 당시 선교 현장의 상황 그리고 토마스 목사의 인간적인 고뇌와 아픔과 실망과 그의 선교사로서의 자질이나 행적을 아주 분명하게 알 수 있게 되었다.

더구나 상해에서 함께 일하도록 되어 있던 동료 선배 선교사 무어헤드의 야비하고 과격한 언행이 젊은 토마스에게 준 깊은 상처를 보면서, 선교사들이 그 낯선 땅에서 스스로의 문제들로 얼마나 시달렸을까 하는 생각이 든다. 그래서 인간으로서의 문제가 외국 선교 역사에서 가려져서는 안 되겠다는 생각이 든다. 역사는 그런 측면을 주목하여야 한다고 믿는다.

그의 한국행은 하나님의 섭리

한데 우리는 여기에 이르러 로버트 토마스 목사의 한국행과 그 순교가 하나님의 경륜(經綸)이었구나 하는 생각이 굳어진다. 하나님께서 한국으로 그를 밀어 가게 하신 것이었구나 하는 확신이다. 그는 중국에 오면서부터 이상하게 인간적인 불운에 휩싸인다. 도착하자마자 아내가 세상을 떠나 홀몸이 되고, 현지 선교사들 특히 함께 살게 되어 있는 무어헤드와의 참기 힘든 불화, 본국 런던선교회의 소원(疏遠)함 ― 그것은 런던선교회가 토마스의 사후, 기념비는 차치하고라도 그의 행적을 기록하면서 '순교'(殉教)라는 말을 전혀 안 쓰고 '익사'(溺死)라고 한 데에서도 나타나 있다. 게다가 그의 행보에 대한 현지 선교사들의 계속적인 험담으로 외톨이로 전전해야만 했다. 그때 마침 한국에 갈 길이 열리고 유난히 천재적인 외국어 실력과 선교지 개척의 남다른 의욕, 한국 선교에 대한 억누를 수 없는 집착, 이런 것들이 묘하게 불타 마침내 토마스 목사를 한국에 가지 않을 수 없게 만들었구나 하는 생각이 굳어진다. 그의 한국행은 하나님의 섭리였다.

이 자료의 출간으로 토마스 목사 순교의 의미가 다시 드높이 밝혀지기를 바라며, 우리 한국교회 초대 선교사들의 인간적인 고뇌와 문제들, 그런 상황에서 고투하다가 하나님의 부르심을 받은 이들에 대한 마음으로부터의 존경과 사랑을 다시 확인하는 계기가 되었다고 생각한다. 그들은 우리가 도달 못할 수준에 이른 성자들이 아니었다. 우리와 꼭 같은 성정(性情)을 가진 소박한 인간들이었다. 우리와 다를 바 없는 사람들이 순교하는 것이다. 거기 순교의 참 의미가 빛난다. 순교하는 사람들이 따로 있는 것이 아니다. 우리 다 이런 사실을 눈여겨보고 신앙의 실상을 확인하는 계기가 되었으면 한다.

이 귀중한 사료집을 출판하여 주신 도서출판 동연 김영호 사장님과 그 편성 교정에 땀 흘리신 분들, 한국교회사학연구원을 창설하시고 계속 이끌어 오신 박옥선 이사장님, 백석대학교의 장종현 총장님, 오랜 외우(畏友) 곽선희 목사님, 여의도 순복음교회 이영훈 목사님, 중앙신학대학원대학교 총장 백성혁 총장님 그리고 함께 한국교회사학연구원을 힘 다해 이끌어오고 있는 동료들, 이 모든 분들에게 심심한 감사의 말씀을 여기 남기고 싶다. 옆에서 언제나 기도와 미소로 힘이 되어준 아내에게도 감사의 마음을 전한다.

1969년 11월 런던대학교 뉴칼레지에서 토마스 목사의 실상(實像)을 처음 찾아내도록 그 교무회의 회의록을 열람하게 하고 카드에 복사하게 하여 주셨던 나탈(G. F. Nuttall) 박사님에게 심심한 감사의 말씀을 남긴다. 당시 런던선교회 문서 보관관(保管館)인 리빙스톤도서관(Livingstone Library)에 찾아 갔을 때 반가이 맞아주고, 그 귀중한 로버트 제르메인 토마스 목사 관계 서류 일체를 보여주고, 복사본을 주신 사서(司書) 프레처 여사에게는 더할 말이 없을 만큼 진실로 다시 한번 감사의 말씀을 올리는 바이다.

감사할 분들이 더 있다. 나탈 박사의 연락을 받고 토마스 목사의 고향 교회들의 목사님들이 그곳을 찾아간 우리 일행을 맞아주었는데, 웨일즈 아버가버니의 데이비스 목사님과 그 동행 목사님들께 심심한 감사를 드린다. 그때가 1970년이니 48년 전의 일인데, 지금은 그분들이 다 어떻게 지내실까, 어떻게 되었을까, 생각이 깊어진다. 그립다.

　하나님 감사합니다.

2017년 9월 폭서(暴暑)의 날

연희(延禧)에서

　※ 로버트 제르메인 토마스의 이름이 한국 왕조실록(王朝實錄) 등 문서에 최란헌(崔蘭軒)으로 나와 있는 이유에 대하여 이능화(李能和)는 그것이 '제너럴셔먼호'의 앞 글자 '제네랄'과 음상류고(音相類故) 곧 그 발음이 비슷하여 쓰게 된 것이라고 밝히고 있다.[8]

---

8 이능화(李能和), 조선기독교급외교사(朝鮮基督敎及外交史), 1928/ 영인(影印) 1968, 서울, 신한서림(新韓書林), 143.

차 례

제 III부_ 중국에서의 독자 선교 시절(1865) _ 87

제 IV부_ 한국 선교 시절(1865~1866) _ 163

제 V부_ 토마스 순교 이후(1866~1899) _ 187

제 VI부_ 기타 자료들 _ 221

제 I부

대학시절
(1856~1864)

1. 런던대학교 뉴칼레지 교무위원회 기록들
2. 로버트 J. 토마스 목사에 관한 런던선교회 자료

1. 런던대학교 뉴칼레지 교무위원회 기록들

로버트 토마스에 관한 그의 모교 런던대학교 뉴칼레지 교무위원회

제133회 회의: 1856. 7. 21

△ 1132/ 아버가버니(Abbergavenny, 영국 웨일즈) 근처 하노바교회의 목사 로버트 토마스(Rev. R. Thomas) 씨가 그의 아들(17세)의 입학 원서를 제출.

제134회 회의: 1856. 9. 15

△ 1146/ 로버트 제르메엔 토마스에게 그의 입학 원서를 1년 후에 내게 하기로 결의.

제159회 회의: 1857. 9. 7

△ 1456/ 교수들이 제출한 보고서에는 9월에 있었던 특별 회의에서 로버트 제르메인 토마스에게 실시한 시험에 관해 높은 평가.

제160회 회록: 1857. 9. 28

△ 1482/ 하노바교회 로버트 토마스 목사의 아들 18세 로버트

제르메인 토마스의 경우

△ 1483/ 연 40파운드 장학금을 지급받는 수습생으로 입학을 허락하기로 하다.

제192회 회의: 1859.10.3.

△ 1963/ 다음과 같은 편지가 와서 보고되다. 곧

킹스 밀 관(館) 부렉삼(Wrexham) 교수님들께

병이 악화되어서 이번 학기에 학교로 돌아가기가 어렵습니다. 그러나 비록 학교에서 수학하기는 어렵지만, 그래도 참고 견디면서 설교는 할 수 있습니다. 브렉삼 부근에서 얼마동안 체재할 터인데, 거기서 저의 설교를 실습하여 제가 가진 설교 능력을 향상시킬 수 있는 아주 좋은 기회라고 확신합니다.

제가 뉴칼레지에서 보낸 2학기는 기독교 사역과 거기 부수하는 여러 책임들에 대한 저의 견해를 상당한 수준 높였습니다. 잠시 이렇게 학교를 떠나 있지만 그만큼 저는 설교에만 열중할 수가 있습니다. 이렇게 함으로써 스스로의 약점을 부끄러워하되, 그런 부끄러워할 약점을 덜 가진 사람이 되어야 한다고 믿고 있습니다.

저는 이 방학 동안에 B.A. 과목들을 열심히 공부하였습니다. 따라서 교수님들이 허락하여 주신다면 다음 달에 B.A. 학위 후보자로 지원하겠습니다.

존경심으로

로버트 제르메인 토마스 올림

그런데 동시에 로버트 제르메인 토마스가 한 집에서 가정교사로
일하고 있다는 믿을만한 정보가 있다는 보고가 있다.

교무회의 결의사항:

서기(書記)로 하여금 로버트 제르메인 토마스가 교무회의에 내
놓은 진술이 진실한 것인지 알아보기로 하다. 동시에 그의 편지
를 대학평의회(Senate)에 보내서 거기 판단에 따라 B.A. 학위
시험에 임할 수 있는 증명서를 발행하도록 하다.

제193회 회의: 1859. 11. 7

지난번 회의 때 서기더러 알아보라고 한 데에 대하여 로버트 제
르메인 토마스가 보낸 회신(回信)을 서기가 읽다. 그리고 다음과 같
이 결의하다. 곧 토마스 씨의 건(件)은 다음 교무회의에서 다루기
로 하다. 그리고 교수회가 그에 대해 적당하다고 생각하는 학생 치
리의 정당한 조치를 취하기로 하다.

제194회 회의: 1859. 12. 5

교무회의가 로버트 제르메인 토마스의 건을 계속 다루고 있으며, 지난 회의에서 결의되어 그에게 보낸 통고를 가지고 회의를 거듭한 끝에 다음과 결의하다. 곧

교무회의는 토마스 씨의 행동에 대하여 많은 불만을 느끼고 있으며, 그의 편지에 나타난 정신을 강하게 정죄하는 바이다. 반면에 그가 학교의 공식 허락도 받지 아니하고 자의로 결석한 것을 학교로부터의 실질적인 자퇴의 형식이라고 보지 않을 수 없다. 그러나 교무회의는 그를 위해서 아직은 결정적인 단안을 내리지 않기로 하였다. 할레이 박사(Dr. Halley)에게 부탁해서 토마스 씨와 연락하여 그 결과를 교무회의에 보고할 때까지 기다리기로 하다.

제195회 회의: 1860. 1. 2

할레이 박사가 교무회의의 결정에 따라 토마스 씨에게 쓴 편지와 거기에 대한 회신으로 보낸 토마스 씨의 편지를 교무회의에서 읽다. 거기 보면 토마스 씨가 대학에 돌아오려고 신청할 의사가 없다는 것이 밝혀졌다.

제199회 회의: 1860. 4. 30

△ 2013/ 할레이 박사가 토마스 씨(B.A.)에게서 한 편지를 받았는데, 그의 상황이 많이 긍정적인 쪽으로 변화하였고, 그래서 다시 대학 정식 과정을 완결할 과정에 재입학하기를 원하고 있다는 사실을 고하다. 할레이 박사는 토마스 씨가 교무회의에 사과할 준비가 되어 있다고 하였으며 학교를 떠난 사실과 그 당시의 행동 그리고 당시 썼던 편지에 대하여 깊이 뉘우치고 있다고 설명하다.

그러나 교무회의는 토마스 씨에게서 직접 정식으로 대학에 재입학하겠노라는 신청서를 받기 전까지는 아무 약속도 할 수 없고, 아무 행동도 취할 수 없다고 보다.

제201회 회의: 1860.6.26.

△ 31/ 로버트 토마스 씨(B.A.)에게서 편지가 왔는데 대학교에 재입학해서 그의 사역을 위한 과정을 다시 시작해서 끝내겠노라고 말해왔다. 교무회의에서는 이 건을 심의한 결과 다음과 같이 결의하다. 곧 학장이 직접 다시 토마스 씨와 연락하여 학장 마음에 만족하다고 생각한다면 토마스 씨는 다음 학기에 그의 과정을 계속할 수 있도록 하다.

제202회 회의: 1860. 9. 17

△ 38/ 학장이 토마스 씨와 편지를 한 결과 다음과 같은 편지를 받고 만족하다고 생각하여 다음 학기에 등록하여 공부하게 하도록 하다.

부기(附記): 토마스 씨의 편지

할레이 박사님에게

지난번 교무회의에서 야기된 어려운 문제를 속히 해소하기 위하여 이렇게 급하게 회신을 올립니다. 지난 1857년에 교무회의에 보내드린 편지를 지금 다시 읽었는데, 회중교회(會衆敎會 Congregationalism)에 대한 저의 생각은 변한 바 없고 오히려 더욱 확고해 졌습니다. 제가 뉴칼레지[1]에 등록하지 않고 쉴 때에 다른 대학에 입학할 생각을 한 적은 전혀 없었습니다. 더구나 제가 성공회(Church of England)에 들어갈 생각에 흔들린 일도 전혀 없었습니다. (얼마 전에 북 웨일즈North Wales에 있는 영국 회중교회에서 와서 일해 달라는 그 교회 전원 만장일치의 초대장을 받은 일은 있습니다. 제가 우리 회중교회 대학에 다시 입학할 마음이 없었다면 그 초청에 응하였을 것입니다.)

---

1 London University New College는 회중교회(會衆敎會, Congregation-alism) 소속 대학.

저는 처음 뉴칼레지에 입학원서를 냈는데 그때 만일 낙방하였더라면 오히려 만체스터칼레지에 갔을 것입니다. 뉴칼레지에 다시 등록할 수 있어서 저는 진심으로 여러 교수님들과 교무회의에 감사하고 있습니다. 이 글이 여러 교수님들에게 흡족한 것이 되어 저에 대한 어떠한 오해도 풀리게 되리라고 믿습니다.

지상의 존경심으로

로버트 제르메인 토마스 올림

아버가버니 하노바관(館)

1860. 7. 2.

제208회 회의: 1861.4.29.

△ 146/ 로버트 제르메인 토마스 씨에게서 온 편지를 읽다. 뉴칼레지. 1861. 4. 25

여러 교수님들

5년 전 '(입학)지원자에 대한 질문서'에 대한 회답으로 제가 보내드린 글 속에 다음과 같은 말이 들어 있는 것을 보실 수 있을 것입니다.[2] 곧 "저는 중국에 가서 일하여야 하겠다는 강열한 의

---

2 교무회의 기록에는 ※표를 그 회의록에 표하고 이런 구절을 써 놓는다. 곧 〈야릇한 잘못! 그가 보낸 편지들 중에서 입학지원에 관하여 그런 말이나 그런 류의 말을 한 것은 없다.〉

지를 가지게 되었습니다." 지금에 와서도 저는 그 말을 취소하고 싶지 않습니다. 그날 이후 저에게서 그 꿈은 한 번도 사라진 적이 없습니다. 2년 전 이 문제에 대하여 나는 내 친구들에게 단호하게 말한 일이 있습니다. 그때 내 친구들은 그런 계획에 대놓고 반대하였고, 그래서 나도 굴복할 뻔하였습니다. 그러나 나는 여러 차례 이 문제를 가지고 심사숙고하였고, 지난해 연말에 마침내 나는 중국에 가는 것이 나의 사명이라고 확신하게 되었습니다. 하지만 여러 가지 생각을 하면 아직도 망설여지는 여지가 없는 것은 아닙니다. 저는 석 달에 걸쳐서 기도하는 심정으로 제가 가야할 길에 대하여 저의 결심을 굳히는 생각을 많이 하였습니다.

지난 3월에 저는 중국에 '어느 때든 간다'고 마음을 굳혔습니다. 나의 결행(決行)을 반대하던 친구들도 이제는 없어졌습니다. 지금으로서는 저의 결심을 굳히는 그런 일들을 하고 있습니다. 그래서 즉시로 티드만 박사님(Dr. Tidman)[3] 면담을 요청해 놓고 있습니다. 저는 뉴칼레지에서 수학하는 동안 '선교사 학생'으로 대우받으며 수학할 수 있게 되기를 바라는 바입니다. 티드만 박사님은 만일에 뉴칼레지의 교무회의가 인정해 준다면 제가 한 달 동안 깊이 생각하고 나서 다음 7월에 중국으로 떠날 수 있느냐고 물어 왔습니다. 저와 같이, 그렇게 색다른 외국어를 공부하기에 알맞는 그런 청년이 있어야 한다고 보고 ―저는 외국어를

---

3 London Missionary Society 본부의 아세아지역 총무.

사랑합니다— 우선 중국에 가서 최소한 2년 동안은 외국어를 학습하는데, 오늘과 같은 절박한 시점에 꼭 그런 사람이 필요하다고 보아 다음 여름에 중국에 가기로 약속하였습니다. 물론 교무회의에서 그렇게 하라고 하는 결정을 내리기 전까지는 런던선교회에 공식적인 신청을 내지는 않겠습니다.

"선교사가 겪어야 하는 어려운 일들을 생각하면 할수록, 그에게 지어진 책임감을 생각하면 할수록, 점점 더 그 일을 맡는 일에 대하여 위축되는 것이 사실입니다." 하지만 저는 저 자신의 힘보다는 다른 이의 힘을 믿기 때문에 그 일에 나서는 것이 저의 의무라고 믿고, 그래서 가기로 하였습니다.

교수님들!

가장 존경하는 마음으로
로버트 제르메인 토마스 올림

여러 교수들이 이 건에 대하여 그들의 의견들을 다 개진한 후에 다음과 같이 결의하다. 곧 교무회의는 토마스 씨가 이 대학에서 이수(履修)하는 과목들 수를 줄여주는 것이 바람직하지 않다고 생각하다.

제209회 회의: 1861. 6. 3 레드리 호텔에서

△ 162/ 다음과 같은 편지를 받다.

교수님 여러분!

지난달 중국에 가고 싶다는 제 요청에 대하여 결정을 내리신 것을 알게 되었습니다. 교수님들의 결정에 마음으로부터 승복하고 감사하면서도, 지난번 제가 올린 편지에 대하여 약간의 변명을 해야 할 것 같고, 동시에 새로운 요구사항을 제출하고 싶어서 이 글을 올립니다. 어떤 편지는 문제를 일으키고 소란을 피워 예의에 어긋나고 실례가 되는 것이 아닐까 걱정을 하지 않을 수 없습니다.

교수님 여러분, 감사한 마음으로 감히 분명하게 말씀드립니다. 저는 뉴칼레지에서 서둘러 빠져나갈 생각을 한 적이 없습니다. 그런 일은 상상도 못합니다. 왜냐하면 저의 대학 과정은 저의 생애에 있어서 가장 위로가 되고 마음 편안한 부분이었기 때문입니다. 기독교 사역을 위한 대학에서의 준비가 신학적, 목회적 시련을 이미 겪은 교수님들과의 교제에서 얻어지는 것이 많고, 그것들은 저에게 참신한 것으로서 책에서는 얻어낼 수 없는 그런 소중한 소득이었다는 생각이 깊어집니다,

교수님 여러분, 지난번 저의 편지는 교수님들께로부터 받은 은혜를 잊고 쓴 것이 아니었고, 더구나 존경심을 잊고 쓴 것도 아니었습니다.

제가 일찍 중국으로 떠나겠다던 이유에 대하여 한 가지만 더 말씀 드리겠습니다. 제 친구 카미카엘(Carmichael)이 의료선교사로 금년에 해외로 떠나갔습니다. 그 친구와 저는 될수록 함

께 떠나도록 노력하고 있었습니다. 우리는 막역한 친구였고, 저는 그의 의료 솜씨에 최고의 신뢰를 하고 있었습니다. 저는 그의 의료기술이 기후가 불순한 광동(廣東, 중국) 지역에 건강을 가져다주는 좋은 일이 될 것으로 믿고 있었습니다. 이런 사실은 지난번 편지에는 쓰지 못하였습니다. 왜냐하면 티드만 박사(Dr. Arthur Tidman)가 금년에 영국을 떠날 수 있느냐고 물어 왔을 때 저는 여러분이 동의하실 것이라 믿었고, 저의 희망이 동정심으로 허락을 받는 것이 바람직한 일이 아니라고 느꼈기 때문입니다. 더구나 저는 저의 친구 이상으로 외국에 갈 준비는 하지 못하고 있었습니다.

카미카엘 씨와 나는 같은 장소에 주재(駐在)하기를 희망하고 있었습니다. 교수님께서 제가 내년에 그와 함께 떠나도록 하여 주신다면 이런 일은 가능하게 될 것입니다. 이런 사실들이 지난번 저의 편지에 쓴 일들과 함께 고려되었으면 합니다. 이상의 사실들을 고려하시어 너그러이 이해하여 주시기를 바랍니다. 제가 만일 국내에서 목회한다고 할 것 같으면 4년이 아니라 6년 동안 대학 과정을 이수하려고 하였을 것입니다.

제가 지난번에 대학에서 일찍 자퇴하려고 한 일을 다시 언급하고 싶지 않습니다. 제가 글을 보내고 나서 교무회의가 그 글 때문에 어떤 영향을 받았는지 알 수 없습니다. 저로서는 제가 취한 행동이 가장 비정상적인 것이었다 할지라도 제 마음은 여러 교수님들에 가장 가까이 가 있었으며, 저의 비국교도적(non-conformist principle)인 원칙이나 선교사역에 대한 소신에는 추호의 변화가 없었습니다.

제 일기책에 보면 브렉삼에서 보낸 12개월 동안에 70회 설교하였는데, 9번은 그곳 대학과 연결해서 3학기 동안에 그렇게 하였습니다. 아무것도 불평할 일이 없습니다. 그러나 교수님 여러분, 제가 북 웨일즈에서 보낸 그 1년은 셋째나 넷째 학년(學年)과는 같지 아니할지라도 다섯째 학년과는 동등한 것이라고 말씀드리고 싶습니다.

교수님들로서는 마땅히 그렇게 생각하시겠지만, 저는 뉴칼레지에 배은망덕하였거나 불성실한 자세를 보여준 적은 없다고 생각합니다. 그리고 젊은 사람으로서 선교사역에 대하여 망설이는 것 같은 모습은 보인 적도 없는 것으로 압니다. 오히려 더 겸손하게 선교사로서 당면해야할 여러 두려운 시련들과 대결할 그런 준비를 굳히고 있었습니다. 중국에 가야할 선교사로서는 더욱 그러하였습니다.

여러 가지 새로 드러난 일들도 그렇지만 다 저의 불찰로 다시금 용서를 빌면서.

깊은 감사와 존경심으로

로버트 제르메인 토마스 올림

△ 163/ 여기 대하여 다음과 같이 의결하다. 곧,

이사회를 통하여 토마스 씨에게 편지를 보내어, 교무회의는 그에 관한 지난 번 결의(△ 147)에 따른다는 뜻을 전하기로 하다.

제218회 회의: 1862. 2. 3

△ 280/ 교무회의 서기가 4학년 재학 중인 로버트 제르메인 토마스 B.A.가 이번 학기가 끝나자 곧 선교사로 중국에 가고 싶다는 신청서를 냈다고 보고하다. 토마스 씨의 편지가 아직 도착하지 않았기 때문에 이 문제는 다음 회기로 연기하기로 하다.

제220회 회의: 1862. 3. 3

△ 296/ 다음과 같은 편지가 제출되다.
뉴칼레지 1862. 1. 31.

교수님 여러분

지난 학기에 여러분은 제가 올린 건을 다루지 않고 연기하여 금년에 이르렀습니다. 다음 여름에 중국에 가도 되겠습니까? 아시겠지만 거기에는 사람이 필요합니다. 새로운 선교 스테이션을 여는 것이 문제가 아닙니다. 이미 열린 스테이션에 사람을 채우는 것이 문제입니다. 어떤 스테이션은 선교사들이 병들고 사별(死別)하여 비워지고 있습니다. 어떤 미국인 선교사는 선교기금이 바닥나서 떠났습니다. 제가 될수록 빨리 가려고 하는 이유를 이제 아실 것입니다.

제가 유럽 몇 나라의 언어들을 구사할 수 있다는 입장에서 보면, 만일 선교사가 그래도 교육받은 중국인들의 관심을 끌려고 한다면, 그는 알아들을 정도의 말 정도만 할 줄 알아서는 안 될 것입니다. 그 나라 사람들만큼 유창하게 하여야 할 것입니다. 따라서 아무리 빨리 언어 구사를 훈련한다고 할지라도 언어의 묘한 난이도(難易度)를 숙달하기가 쉽지 않습니다.

선례를 들어서 여러 교수님들의 결정에 영향을 줄 그런 권한이 저에게는 없습니다. 하지만 윌슨 씨(Mr. Wilson)는 그가 4학년 재학 시에 (선교사로) 나가도록 허락을 받고 나간 일이 있었습니다. 만일에 내가 집에 들어앉고 싶었다면, 저의 과목 이수를 줄여 달라고 요구할 리가 없습니다.

교수님 여러분, 지난해에 내 절친한 친구 하나가 광동(廣東)에 나가지 아니하였더라면, 저도 그렇게 나가게 해달라는 부탁을 드리지 아니하였을 것입니다. 티드만 박사는 제가 외국 선교에 적격이라고 생각하고 있었기 때문에 학교에서 제 갈 길을 유보하리라고는 생각하지도 않았던 것입니다.

교수님 여러분, 이번 학기 초에 서둘러 이런 문제를 제출한 점 사과드립니다. 그러나 중국은 여기서 아주 멉니다.

지대한 존경심으로
로버트 제르메인 토마스 올림

△ 297/ 참석하셨던 여러 교수들의 의견을 다 개진하고 난 다음에 다음과 같이 결의하다. 곧 할레이 박사께서 토마스 씨와 만나 그의 요구사항을 잘 듣고 (필요하다면) 런던선교회(London Missionary Society)의 간사 중 한 사람을 만나 이야기를 해 보고, 그리고 나서 교무회의에 보고하기로 하다.

제 233회 회의: 1863. 1. 5. 래드레이 호텔

△ 478/ 몇몇 교수들이 다음과 같은 보고서들을 제출하다.

뉴칼레지 교무회의

밀즈장학재단(Mill's Scholarship)은 로버트 제르메인 토마스 B.A.가 거기서 실행하는 시험의 모든 과목에서 만족할만한 성적으로 합격하여, 〈밀즈장학금〉을 받게 되었다는 소식을 뉴칼레지 교무회의에 보고하게 됨을 기쁘게 생각합니다.

그는 자연신학, 조직신학, 성서신학, 설교학, 고전문학, 교부학(敎父學), 교회사 등 여러 과목들 대부분에서 아주 뛰어난 성적을 받아냈습니다. 그래서 그를 본 장학금 수혜자로 선정합니다.

시험관을 대표해서 서명합니다.

뉴칼레제

사무엘 노스(Samuel North, M.A.)

1863. 1. 5

뉴칼레지 교무회의

이사회는 로버트 제르메인 토마스 씨의 단정한 도덕적, 종교적 품격에 대한 평가에 대한 글을 읽고 크게 기뻐하는 바이며, 더구나 그의 복음 설교가 힘과 진실성과 영향력이 넘쳐서 아주 뛰어난 재질(superior talent)로 빛난다는 사실을 알고는 참으로 기쁨을 감출 수가 없습니다.

이사회를 대표하여

학부장(學部長) 사무엘 노스, M.A.

1863. 1. 5

△ 479/ 결의사항:

밀즈장학금을 시험관들의 추천에 따라 로버트 제르메인 토마스, B.A.에게 수여하기로 하다.

제242회 회의: 1863. 6. 1

△ 587/ 중국에 선교사로 가게 된 로버트 제르메인 토마스 씨 B.A.의 신청에 대하여 다음과 같이 의결하다 . 곧

△ 588/ 결의사항

토마스 씨에게 "살윈 기금"(Salwyn Fund)에서 10파운드에 해당하는 책들을 증여하기로 하다.

제243회 회의: 1863. 6. 22

△ 600/ 결의사항: N.B.

토마스 씨가 제출된 주제를 가지고 논문을 쓰다. 그 논문은 좋은 성적을 받았고, 책들을 증여 받는 상은 그가 학기가 끝나기 전에 영국을 떠난다는 조건으로 지난번 교무회의에서 이미 받았다(Cf: △ 587, △ 588).

2. 로버트 J. 토마스 목사에 관한 런던선교회 자료

로버트 제르메인 토마스

1839년 9월 7일생.[4] 라드노주(Radnorshire)의 롸야다(Rhaya-der) 출신. 몬마우스주(Monmouthshire) 하노바(Hanover)교회 교인. 1854년 런던 뉴칼레지에서 수학. 그때 사무엘 마틴(Samuel Martin) 목사의 웨스터민스터 채플에 등록. 중국 상해(上海) 주재 선교사로 임명, 1863년 7월 21일 영국을 떠나 그해 12월 1일에 상해 도착.

해외선교사 지망자로서의 〈문-답변서〉[5]

10:[6] 얼마나 오래 외국선교사가 된다는 생각을 하여 왔는가, 그리고 그런 희망을 가지게 된 동기가 무엇이라고 생각하는가?

나는 지난 5년간 그런 생각을 깊이 했습니다. 더구나 뉴칼레지에서 여러 선교사들이 학생들과 함께 몇 차례 저녁시간을 보낸

---

4 다른 곳에는 1840년으로 되어 있다. 본서에서는 1840년으로 쓰기로 한다.
5 London Missionary Society에서의 답변.
6 여기 숫자 10과 다음 12는 질문사항일터인데 이 부분만 런던선교회가 기록에 남긴 것으로 보인다.

일이 있는데, 그때에 그분들과 가까이 지내면서 그런 결심을 굳히게 되었습니다.

내가 그런 결심을 굳히게 된 첫 동기는 이렇습니다. 나는 제대로 교육을 받았고, 강인한 체력을 가지고 있으며, 외국어를 쉽게 습득할 수 있는 능력을 가진 사람이 그런 사역에 필요하다고 믿습니다. 나는 무엇보다도 자기희생의 정신으로 내가 가진 것을 다 바쳐서 일할 것을 다짐합니다. 나는 지난 3년 동안 애써 간절한 기도를 통해서 선교사가 되고 선교사역을 통해 이교(異敎)를 타도하고, 그들을 회개하게 하고, 구원받게 하기로 굳게 마음을 먹었습니다. 저는 확고하게 믿고 있는 것이 있습니다. 곧 하나님으로부터 선교사로 부르심을 받아 지명되었다고 믿고 있습니다. 저는 하나님이 이런 특별한 은사를 주셨다고 확신하고 있습니다.

12: 당신 생각에 기독교 선교사로서의 일반적인 자질이 무엇이라고 생각하며, 앞으로 어떤 시련과 유혹이 있으리라고 보는가?

제가 위에서 선교사로서의 일반적인 자질에 대하여 언급한 것 이외에 신중성, 자기희생의 정신, 불굴의 인내력을 갖추고, 이교도(異敎徒)들의 어리석고도 무식한 질문에 대응하지 아니하며, 거리에서나 교회당에서는 간결하고 소박한 복음만을 전하며, 매사에 조심하고, 역경을 견디어 내며, 오직 전도자로서의 사역만을 이행하기로 다짐하는 것이라고 믿습니다.

제 II부

런던선교회
파송 중국선교사 시절
(1864~1865)

1. 부모에게

로버트 J. 토마스 / 런던선교회 상해(上海) / 1864. 2. 4.[1]

경애하는 부모님께

보내주신 편지 얼마나 감사한지 모릅니다. 그 편지는 사실 잘못 전달되어서 이곳 불란서 우체국에 가 있었습니다. 그런데 우연하게 윌리엄(William)[2]이 거기 갔다가 편지를 찾아올 수 있었습니다. 하마터면 그 편지는 잃을 뻔하였습니다. 부모님 두 분 다 건강하시다는 소식 듣고 감사하였습니다. 앞으로 더 길고 많은 소식이 담긴 편지를 받기를 바랍니다.

상해(上海)에는 모든 것이 다 좋습니다. 지난번에 서둘러 쓴 편지에 전해 드린 소식대로 대개 그렇습니다. 윌리엄이 다음 편지에는 자기가 하는 일에 대하여 자세히 쓸 것입니다. 그가 그렇게 잘 있으니 부모님도 기뻐하시리라고 생각합니다. 그는 아주 낙천적인 사람입니다. 그러니 한 1, 2년 지나면 부모님에게 상당한 송금을 할 수 있게 되리라고, 그렇게 바라고 있습니다. 실상 금년 것과 내년 것을 합하여 하찮은 것이지만 £ 20[3]정도는 보낼

---

1 토마스는 1863년 7월 21일 갓 결혼한 그의 신부 칼로란인(Caroline Godfery)과 함께 중국으로 떠나, 그해 12월초에 상해(上海)에 도착. 그 전에 편지를 썼는데, 자료상으로는 최초의 편지.
2 누군지 분명하지 않음.
3 영국 화폐 단위 파운드: 12펜스 → 1실링; 20 실링 → 1파운드.

수 있으리라고 봅니다. 상해는 그야말로 무서울 정도로 물가가 비싼 곳입니다. 사람들이 말하기로는 영국에서의 한 실링이 여기서는 7.4 타엘4 정도에 해당한다고 합니다. 하지만 저는 우리가 다 잘해 나가리라고 믿고 있습니다. 그렇게 못한다면 물가가 싼 다른 곳으로 옮겨야 할지 모릅니다. 윌리엄은 자기가 받는 월(月) $100 중에서 우리들에게 한 주일에 $10을 지급하여야 합니다(하지만 석 달이 지나면 좀 더 준다고 합니다). 여기서 1$(달라)는 대개 4실링 2펜스(4/2d)입니다. 그것이 공식 환율입니다. 윌리엄은 그때 가도 자기 것은 꼭 받을 것입니다.

지난달에 와일리 씨(Mr. Wylie, 자난 번 편지에 썼지만 런던에 있을 때 저에게 중국말을 가르쳐 준 신사)가 러시아와 시베리아 그리고 몽골을 거쳐서 여기 도착하여 저희와 함께 거하고 있습니다. 하지만 여기 방이 넉넉하지 않아서 바로 옆 헨더슨 박사(Dr. Henderson) 집으로 곧 이사할 계획입니다. 아시겠지만 그는 영국성서공회의 파견원(Agent)입니다. 그래서 대부분의 시간을 여행하는 데 보내고 있습니다. 양호긴(Yang-ho-kiang)같은 데까지 갑니다. 이번 달 중에 한구(漢口)의 존 씨(Mr. John)를 만나려 갑니다. 아주 친절한 편지를 써서 저에게 와보라고 하였기 때문입니다. 하지만 봄이 되어야 갈 것 같습니다. 존 씨의

---

4 중국 등지의 중량 단위, 보통 37.7g. 중국의 옛 화폐 단위.

부인이 4월경에 영국에 가기 때문에 여기 와서 얼마동안 유하게 됩니다. 그 부인이 부모님 계시는 하노바에 가면 한구(漢口)와 상해에 대한 소식을 많이 듣게 되실 것입니다.

여기 저의 동료 곧 다지온(Dudgeon)에 대하여 부모님께 말씀드린 일이 있습니다. 윌리엄슨(Williamson)[5]도 역시 잘 아는데 천진(天津)으로 가다가 타구(大沽)항구가 얼어붙어서 기선(汽船)이 입항할 수 없어 다시 지푸(芝罘)로 돌아와 아주 작은 집에서 살고 있습니다. 그 집은 반은 영국식이고 반은 중국식인데 짐들은 다 그냥 아래쪽에 내려놓고, 그야말로 가장 비참한 곤경에 처해 있습니다.

알렉산더 윌리엄슨은 몇 주일 전에 그의 아내와 아들 하나를 데리고 지푸에 가다가 그 기선 선장이 밤중에 길을 잘못 들어 어떤 해안가에 밀려갔습니다. 눈은 막 퍼부어서 2피트 가량 쌓여 있었다고 합니다. 모든 선객들은 밤중에 보트를 타고 가서 걷기도하고 노새 잔등에 타기도 하면서 30마일이나 되는 지푸에 겨우 도착하였다고 합니다. 어쨌든 천진까지 가지 아니한 것을 감사하게 생각하고 있습니다. 갔더라면 캐리(Carrie)[6]가 혼날 뻔하였습니다.

---

5 Alexander Williamson. 스코틀랜드국립성서공회(National Bible Society of Scotland)의 만주 파견원.
6 Caroline의 애칭. 토마스의 아내.

지금 우리는 우리 집 커다란 거실(居室)을 정리하느라 분주합니다. 두 주일 후에는 다 끝내고 들어가기를 바라고 있습니다. 제가 가지고 있는 하모니움(페달식 오르간)은 우리 거실에는 근사한 장식물이 될 것입니다. 캐리는 아주 잘 적응하고 행복해하고 있습니다. 그를 돕고 있는 아주머니는 영어를 좀 하고 또 캐리가 중국인 여자에게서 중국말을 배우고 있기 때문에 그 둘은 아주 잘 지내고 있습니다.

저는 하루 종일 바쁘게 지내고 있습니다. 아침 7시에서 7시 반까지 날씨가 좋으면 조그마한 중국 조랑말을 타고 운동 삼아 다니고, 8시가 지나서는 아침 식사를 합니다. 8~12시까지는 상해 지방어의 중국인 교사에게서 중국말을 배우고, 1시 반까지는 산보(散步)를 합니다. 그러고 나서 오찬(午餐)7을 합니다. 오후 3~5시에는 북경 지방어를 배우고 그리고는 좀 산보하고 6시에 차(tea)8 곧 저녁식사를 합니다. 저녁 7~10시까지는 한 주일에 두 번씩 한 시간 반에 걸친 회합이 있고, 잠시 독서한 뒤에는 윌리엄과 함께 밤 산책에 나갑니다. 저는 중국인과 자주 어울리고 함께 잘 지내고 있습니다. 또 그들 말을 하는데 힘들이지 않고 잘 하고 있습니다.

---

7 원문에는 dinner 인데, 영국식으로는 점심이다. 하루 중 제일 주요한 식사 - 오찬(午餐).
8 영국에서는 저녁식사를 흔히 〈tea〉 라고 한다.

저는 목요일 저녁마다 강연 같은 것을 합니다. 예배도 한번 드린 일이 있습니다, 지난 주일에는 여기 훌륭한 교인들에게 세 번이나 설교하였습니다. 최근에는 여기에 한 교회(회중교회)가 설립되었습니다. 우리가 살고 있는 구내에 새 채플을 지었습니다. 현재로서는 아침 예배가 상해도서관에서 열리고 있습니다. 아주 좋은 방에서 열리고 있습니다. 저녁에는 여기 성공회 교회당에서 열립니다. 금년에는 무어헤드 씨(Mr. Muirhead)가[9] 선교사 역할 말고도 한 교회 목사직을 맡아 최소 1,000타엘스 곧 £350 가량의 급료를 받고 있습니다. 무어헤드 씨는 대단한 재능을 타고 나서 설교를 잘하는 데도 시간을 별로 들이지 않고 있습니다. 그 교회 교인들은 다 지적인 분들이고 존경할 만한 분들입니다. 그래서 여기 아주 고명한 인사들도 여럿 알게 되었습니다. 여기 날씨는 너무 좋습니다. 더 이상 좋을 수가 없을 정도입니다.

하지만 이곳에는 천연두가 만연하여 갬불 양(Miss Gamble)도 천연두에 걸려 아주 위급한 시간을 보냈습니다. 그는 우리가 영국에서 타고 온 기선 '폴메이스호'에 함께 타고 왔던 젊은 여자입니다. 현재 위기는 넘긴 것으로 알고 있습니다. '폴메이스호'의 선장과 고급 선원들은 여기 자주 찾아옵니다. 그들은 한 달에 한

---

9 1822. 3. 7생. 체션트대학(Cheshunt College) 출신, 런던선교회의 중국 파송 선교사로 1847. 4. 6. 상해로 떠나 8. 26. 상해 도착. 학교를 세우고 1866년 9월 토마스가 대동강에서 순교할 즈음에 북경에 갔다가 에드킨스와 몽골에 여행. 1868년 2월에 그 부인과 영국 돌아갔다가 1870. 6. 2. 상해에 복귀.

번 정도 면(棉)을 싣고 영국 리버풀(Liverpool)에 갑니다. 캐리는 여기 겨울 추위를 잘 견디어 내고 있습니다. 하지만 문제는 여름입니다. 다들 여기 여름은 아주 견디기 힘들고 특히 여자들에게는 이겨내기 힘든 시련기라고 합니다. 다행이 일본이 옆에 있어서 정 아플 때에는 거기 갈 수 있을 것입니다.

리찌 (Lizzie), 애니(Annie), 랄리(Lallie)[10]에게 저와 캐리의 안부를 전합니다. 여기 윌리엄의 편지를 동봉합니다.

부모님의 사랑하는 아들
로버트 제르메인 토마스 올림

스코틀랜드국립성서공회 소장

---

10 자매들. 토마스를 합해 6명의 자녀가 있었다.

2. 랄리(Lallie)에게

로버트 J. 토마스 / 상해(上海) / 1864 ? 4

가장 사랑하는 랄리에게

한 달 안에 '폴메이스호'가 리버풀로 떠난다. 그래서 너에게 부채(fan) 아니면 뭐 예쁜 것 하나 보내 줄게. 오늘부터 5개월 정도면 하노바[11]에서 받아 볼 수 있을 거야.

엠마(Emma)가 미알리(Miali)하고는 왜 그랬는지, 얼마나 어리석니. 그러나 나는 아버가버니(Abergavenny)[12]를 보지 못해도 좋지만 설탕 한 덩어리를 가지고 빨리 너에게 뛰어 가고 싶구나. 이곳 주변 지형(地形)은 아주 평탄해. 하노바 경卿(Lord LLanover)[13]이 그렇게 말한 대로지. 다음 기회에 거기 파티에서 경을 만나게 되면 내가 문안하더라고 꼭 전해 다오.

사람들이 말하는 것처럼: "물어보는 사람에겐 다 문안하시오!"

캐리가 많은 키스를 보낸다.

---

11 LLanover 로 표기한 것인데 웨일즈 영어로 읽기는 Hanover, 곧 하노바로 읽는다. 토마스의 고향 출신으로 1854-1855 영국 내각의 보건부장관.

12 토마스의 고향. Abergavenny, Rhayader, Radno-shire, Wales, United Kingdom.

13 Benjamin Hall, 1st Baron Llanover. 웨일즈출신 영국 정치가. 교회의 부패와 싸웠던 사람.

너의 사랑하는 형제

로버트 제르메인 토마스

스코틀랜드국립성서공회 소장

3. 런던선교회 본부에

윌리엄 무어헤드 / 상해(上海) / 1864. 3. 24.

나의 친애하는 형제여

토마스 씨가 현재 한구(漢口)에 없기 때문에 그를 대신하여
그의 아내가 병사(病死)하였다는 비통한 소식을 전하여 드립니
다. 며칠을 앓더니 오늘 아침 10시에 돌아갔습니다. 그의 마지막
은 평화스러웠습니다. 가끔 정신이 맑은 때에는 주 예수님을 믿
어 가지는 마음의 평화에 대한 간증을 하였습니다. 그리고 숨을
거두는 순간에는 예수님이 얼마나 소중한 분이신지 말을 하고 떠
났습니다. 의사인 헨더슨 박사(Dr. Henderson)나 몇몇 친구들
이 옆에서 정성을 다하여 돌보았습니다. 그의 아내는 이렇게 도
움을 받으며 저 영원한 하늘나라에 올라갔습니다.

우리들의 친애하는 친구 토마스 씨는 두 주일 전에 한구에 갔
는데 그의 아내가 그렇게 갑자기 세상을 떠나리라는 것은 꿈에도
생각하지 못하였을 것입니다. 그는 한 주일이나 열흘 안에 여기
돌아오지는 못할 것입니다. 하나님께서 그가 이 비통을 이길 힘
을 주시기를 기도합니다.

저로서는 여러분이 이 비보(悲報)를 토마스 씨의 친구들에게
전해 주시기를 바랍니다. 만일 다른 데서 이 소식을 들으면 별로
좋을 것 같지 않습니다. 다음 편지에서는 토마스 씨가 그의 고향
에 있는 친구들에게 직접 소식을 전하리라고 봅니다.

경구(敬具)

추기(追記):

여기 부기하고 싶은 것은 토마스 부인 병사의 직접적인 원인이 된 것은 유산(流産)인 것으로 보입니다. 여기 있는 한 미국선교사의 부인이 열흘 전에 죽었는데 그것이 우리 친애하는 자매에게 큰 충격을 준 것 같습니다. 그런 것은 그 아내의 외양이나 행동에 나타난 적이 없습니다. 그는 놀랄 정도로 성품이 조용하고 과묵한 편이었기 때문입니다. 하지만 그가 병에 걸린 것이 그 소식을 듣고 나서의 일이라고 한 친구에게 말하였다고 합니다.

4. 티드만 박사에게

로버트 J 토마스 / 런던선교회 상해(上海) / 1864. 4. 5.

티드만 박사님과 프라우트 씨(Mr. Prout)에게

우리가 영국을 떠나 올 때에는 여기서 처음 쓰는 편지에 제 운명에 떨어진 비통한 소식을 전하게 될 줄 누가 알았겠습니까. 제 사랑하는 아내가 지난 달 24일에 세상을 떠났습니다. 그 일은 저를 쓰러지게 하였습니다. 전혀 그런 일을 기대하지 못하고 있었기 때문입니다.

영국을 떠나 여기 오는 항해(航海)는 흔하지 않을 정도로 꼭 마음에 들었습니다. 아주 좋았습니다. 상해의 기후도 제 아내에게는 온화하고 좋았습니다. 그런데도 이상하게 제 아내는 여기 상해에 도착하자마자 뭔가 맞지 않아 보였습니다. 그러나 저는 두려워하지 아니하였습니다. 아내는 대개는 행복하였고 편안하다고 느끼고 있었기 때문입니다. 한데 사실 저는 기온이 너무 높구나하고 걱정은 하고 있었습니다. 그래서 지난 달 11일에 한구(漢口)에 가서 가능하면 아내가 여름을 거기서 보낼 수 있지 않을까 해서 수소문하고 있었습니다. 존 씨(Mr. John)는 너무나 친절하게도 (물론 다른 이들도 그랬지만) 한구의 날씨가 상해보다는 훨씬 건강에 좋은 날씨라고 일러주었습니다.

저는 제가 없는 사이에 벌어진 비통한 일을 전혀 알지 못하고 서둘러 상해에 돌아왔던 것입니다. 그런데 그 비보(悲報)는 제가 진강(Chin-Kaeng)에 도착하였을 때 젠틀 박사가 친절하게 눈물로 일러주었습니다. 저는 한구에 있을 때에 아내로부터 편지 한 통을 받고 있었습니다. 거기에는 언제나 그랬듯이 아내는 침착하고 행복한 모습이었습니다. 빨리 돌아오라는 말 한 마디도 없었고, 몸이 아프다는 그런 말도 전혀 없었습니다. 아내는 병사하기 며칠 전에 거기 살고 있으면서 친하게 지내던 미국 선교사 부인의 사망 소식에 커다란 충격을 받은 것 같습니다. 그것이 29일 아내가 유산한 원인이 되었습니다. 하지만 아내는 그 이후 조리가 잘 되어서 친구 편에 나에게 보낸 편지에서 조금도 놀라지 말라는 글을 보냈던 것입니다. 하지만 저는 그 편지를 받지 못하고 한구를 떠났던 것입니다.

월요일 아침 아내는 갑자기 가라앉기 시작하였습니다. 화요일에는 거의 하루 종일 의식이 없었습니다. 다음 날 아침녘에 헨더슨 박사와 십볼드 박사(Dr. Sibbold) 일행이 찾아와 아내를 만났고 죽음이 아내에게 가까이 온 것을 알았습니다. 내 사랑하는 아내는 24일 새벽 한 시 경에 예수님의 품에 고요히 안겼습니다. 아내는 마지막 순간까지 정신이 맑았습니다. 아내는 이렇게 말하고 세상을 떠났습니다. "예수님은 저에게 매우 소중합니다."

제 가슴은 온통 찢겨졌습니다. 저는 어디 가서 완전한 변화를 찾아야겠습니다. 내 사랑하는 아내가 병고에 시달릴 때 저는 제가 하여야 할 일을 하지 못하였습니다. 내 부재 중 아내에게 그렇게 정성을 다하여 돌봐 준 무어헤드 내외분과 갬블 양(Miss.

Gamble)에게 저는 깊은 감사의 뜻을 전하여 드립니다.

더 이상 글쓰기가 힘듭니다. 아내의 주검에 관계되어 다시 제세히 쓰려고 하니 새삼 비통함이 견딜 수 없이 터져 나옵니다. 저는 이제 제가 막 시작한 고귀한 일에 이전보다 더욱 헌신하겠노라 다짐합니다. 그러나 지금 당장은 그 깊은 슬픔으로 온 몸이 천근만근 가라앉았습니다.

여러분의 동정과 기도에 감사드립니다. 어떤 시련도 그것이 아무리 통탄할 만한 것이라 할지라도 하나님께서 맡기신 이 영광스러운 사역에서 저를 떼어내지는 못할 것입니다. 하지만 아내가 그렇게 평화스럽게 고통 없이 떠난 사실에 다시금 감사하면서, 이렇게 다시 말합니다.

"주님 주시고 주님 거둬 가시니 주님의 이름 복되도다!"

경구(敬具)

로버트 제르메인 토마스 올림

5. 티드만 박사에게

로버트 J. 토마스 / 런던선교회 상해(上海) / 1864. 5. 15.

친애하는 티드만 박사님

제가 지난번 올린 글에서 제가 겪은 깊은 슬픔에 대하여 말씀
드릴 때에는 여기에서 진행되고 있는 선교사업 전반에 대하여 제
가 보는 관점과 느낌 그리고 제가 일하고 있는 상해(上海)에 대
하여 아무 말씀도 드리지 아니하였습니다. 제가 아무 말씀도 드
리지 않은 것에 대하여 오해가 없으시기를 바랍니다. 여기 선교
사업의 진행에 대하여서는 경험 많은 무어헤드 씨의 손에 의해서
작성되어 보고된 데에 대하여 잘 되었다고 생각합니다.

제가 런던에 있을 때 박사님과 인터뷰하였는데 그때에는 제가
어디에서 일할는지 그 목적지가 확실히 결정되어 있지 않았던 것
을 기억하실 것입니다. 그때 저는 한구(漢口)에서 일했으면 하
는 제안을 했던 것을 기억하실 것입니다. 지금 올리는 글은 진정
서(陳情書)입니다. 이제 서둘러 말씀 올리는데 제가 왜 그때 드
렸던 제안을 지금 다시 드리는지 말씀드려야 하겠습니다. 저는
한 번도 무어헤드 씨와 저 사이의 있었던 조화로운 관계가 나빠
져서 힘들어 한 일이 없습니다. 그분은 제가 상해에 도착했을 때
나 그 이후에도 계속 저를 후대하여 주었습니다. 신착 선교사가
겪는 어려운 일들을 다 따뜻하게 돌봐주었고, 더구나 제가 최근
에 겪은 아주 힘든 시련에도 마음을 다하여 위로해 주었습니다.

저는 상해가 선교지로서는 일하기 힘든 곳으로 봅니다. 여기 존 씨(Mr. John)는 두말할 것 없고 록카드 씨(Mr. Loelhut)나 심지어 무어헤드 씨조차도 우창후(Wu-chang-fu- 武昌府)에 선교 스테이션을 열고 거기에 주재할 독신(獨身) 선교사를 임명하여 줄 것을 원하고 있습니다. 저의 간절한 소원은 그 독신 선교로 제가 선출되기를 바라는 바입니다. 저는 독신입니다. 저는 우창(武昌)에 세 번 가본 적이 있으며 그 지역을 잘 알고 있습니다.

저는 거기 우창에 갈 준비가 이미 다 되어 있습니다. 저는 중국에 닿자마자 두 지방 사투리 곧 상해 지방어와 북경 지방어를 동시에 습득하기 시작하였습니다. 북경 지방어는 우창에서도 통용되고 있습니다. 상해에서 젊은 선교사가 지낸다는 것은 불만스러운 일입니다. 거기에는 여러 가지 장애(障碍)가 있습니다. 우창에서 이제 한두 해를 보냈으니 꼭 필요하다면 상해로 돌아갈 수 있습니다. 하지만 제가 진정으로 바라는 것은 중국인들 사이에서 함께 사는 것입니다. 우창은 이제 록카드 씨가 말씀드리겠지만 아주 크고 청결하고 왕성하고 존경할만한 곳으로 실로 가장 중요한 도시입니다.

그런 문제에 있어서 단 한 가지 난관은 무어헤드 씨에게 새로운 선교 지원이 이루어지지 않는다면 제가 상해를 떠날 수 없다는 것입니다. 무어헤드 씨를 혼자 두고서는 떠날 수 없기 때문입니다.

제가 영국을 떠나기 전에 박사님은 다음 여름까지는 상해에 선교사가 한 사람 더 파견될 것이라고 말씀하신 일이 있습니다. 꼭 그렇게 되리라고 믿습니다. 저는 이 영광스러운 일을 애정을 가지고 수행하고 있습니다. 그리고 선교회 본부의 이사회가 저를 그 거대한 도시에 혼자 가서 일하도록 파견하여 주시기를 학수고대합니다. 저의 친애하는 친구 존스 씨의 집에서 한 20~30분 거리에 떨어져 있는 곳에 말입니다.

이 글을 맺음에 앞서 한 말씀 올리겠습니다. 제가 결국은 우창을 마지막 목적지로 삼고 일하겠노라 말씀드렸지만 상해에서 보낸 나날들을 허송한 것이라고는 생각하지 않습니다. 저는 무어헤드 씨와 같이 그렇게 사료 깊고 지칠 줄 모르게 일하시는 선교사와 어울려서 몇 달을 지낸 것을 오래 오래 되돌아보고 감사할 것입니다.

이 밖에도 알려 드릴 사소한 일들이 많이 있습니다. 하지만 저에게 우창에 가라고 권고한 록카드 씨가 자세한 말들을 다시 올리리라고 생각합니다. 저는 다만 그분이 우창은 선교지로서는 가장 중요한 곳이라고 생각하고 있다는 점만을 여기 적고 싶습니다. 지금 거기에는 놀라운 계획이 하나 진행되고 있습니다.

경구(敬具)

로버트 제르메인 토마스 올림

6. 로버트 제르메인 토마스 목사에게

티드만 / 상해(上海) / 1864. 6. 3.

친애하는 형제여

당신이 중국에 잘 도착하였고 그곳 선교사역이 어떻게 시작되었는지를 알리는 소식을 기다려서 기쁨으로 회답을 쓰려고 기다리고 있던 찰나에, 당신의 사랑하는 아내가 세상을 떠났다는 소식을 알리는 무어헤드 씨의 편지가 먼저 도착하여 깊은 애도의 심정으로 읽었습니다. 얼마 후 4월 5일에 그 사별의 자세한 내용을 담은 당신의 편지가 도착하였습니다.

당신이 한구를 찾아간 목적은 후덥지근한 상해의 여름을 피하여 기후가 상쾌한 우창에 토마스 부인을 데려다가 쉬게 하려고 갔던 것인데, 그것이 당신의 가슴을 그렇게 비통하게 만드는 갑작스럽고 두려운 일로 터지게 되리라고 누가 생각이나 하였겠습니까.

친애하는 친구여, 이 일은 전능하신 하나님의 신비로운 경륜 가운데 일어난 일입니다. 당신이 이겨내야 할 일로 믿으시고 나의 깊은 슬픔과 위로를 받아주시기 바랍니다. 나는 확실하게 믿고 있습니다. 곧 당신의 아내는 이교인들 가운에 살면서 전력을 다해 그리스도를 섬기겠노라는 불굴의 정신으로 중국에 갔고, 그런 그의 동료로서의 동행과 사랑이 중국에서의 중대한 사역을 시작할 때에 당신의 사명감과 책임감 수행에 지대한 힘과 빛을 던져 주었다는 사실입니다. 이제 그분은 떠나갔습니다. 그러나 하나님께서는 그의 희생을 반가이 받으시고 그의 무거운 짐과 희생을 이제 다 감면해 주셨다고 생각합니다. 구원받고 행복한 그의 영혼은 이제 하나님 보좌 앞에 서 있습니다. 그리고 죽음을 면할 수 없는 인간의 모든 괴로움과 걱정 근심, 죄악과 고통, 그런 것을 완전히 벗어버리고 기쁘게 찬송을 부르고 있을 것입니다.

이런 일을 갑자기 당하고 곤경에 부닥치면 그것이 하나님의 뜻이라고 순종하는 마음으로 받아들이면서도 장래 계획과 그 전망에 대하여 깊은 염려를 하지 않을 수 없습니다. 이는 마치 당신의 눈에 비친 희망을 일격에 누가 취하여 간 것과 같을 것입니다. 그리고 아내가 언제나 익숙하게 베풀어 주던 것과 같은 위안과 동정을 친근한 동료들이나 친구들로부터 받게 되리라고 생각하겠지만, 그것이 그분이 주던 것과 같을 리가 없습니다. 하지만 이런 낙담과 불안의 감정들은 시간이 지나고 이것저것 회상하는 사이에 그 영향으로 조절되리라고 확신합니다. 그러고는 당신의 처지와 그 전망에 대하여 한층 높아진 활기를 찾게 되리라고 믿습니다. 당신이 가지고 있는 최고의 자산은, 복음의 소중한 약속 말고도, 외국어의 학습에 더 철저하게 당신의 생각과 힘을 바치는 것이요, 언어 연마에 할당된 시간에 방해를 받지 않으면서 할 수 있는, 다른 선교사역에 충실하는 것입니다.

무어헤드 씨가 당신과 당신의 정황(情況)에 대하여 편지를 보내왔습니다. 지금의 시련 아래 아버지와 같은 마음과 동정심으로 글을 써 보냈습니다. 나는 그가 있는 힘을 다해서 당신의 아픔을 덜어주고 도움을 주리라고 확신합니다.

당신으로부터 곧 다시 편지를 받았으면 합니다. 그때까지 하나님의 권고하심과 축복이 함께 하시기를 기도합니다.

주님께서 같이하시기를….

아서 티드만(Arthur Tidman)
런던선교회 해외 총무

7. 부모에게

로버트 J. 토마스 / 런던선교회 / 1864. 6. 16.

경애하는 부모님

제가 지난 번 올린 글에 중국 내지(內地) 쪽으로 2, 3주(週) 여행 간다는 글을 올렸었습니다. 실제 저는 갔었고 이제 돌아왔습니다. 제가 실제 보고 온 바로는 전체적으로 좋았다는 인상입니다. 그러나 느낌은 별로 좋지 아니합니다. 저는 콜레라와 같은 균에 약간 걸렸던 것 같습니다. 콜레라가 상해에 들어오기 시작한 것으로 보입니다. 실제로 여기 넉 달 동안 살던 영국인 젊은 부인 둘이 두 주일 전에 12시간 정도 앓다가 병사하였습니다. 하루에 매일 한 두 사람이 죽어 나갑니다. 사태가 아주 심각합니다. 여름 기후치고 여기 상해의 여름처럼 최악의 것은 없으리라고 봅니다. 기후가 습하고 덥고 으스스합니다. 누구에게나 오한(惡寒)을 주기에 넉넉합니다.

저는 지난 두 달 동안 정말 별고 없이 잘 지냈습니다. 이제 북쪽으로 좀 가보려고 합니다. 이 부근을 여행하는 젊은 선교사에게는 중국말을 빨리 그리고 즐겁게 습득하는 길이 이런 데 밖에 없다는 것을 알게 됩니다.

무어헤드 내외나 헨더슨 내외는 다 잘 계십니다. 콜레라는 여기 새로 오는 사람들을 주로 공격하는 것 같습니다. 선교회에 책을 샀다고 계산서를 보내는 것은 아주 하찮은 일입니다. 나는 그런 일을 전혀 듣지 못하였습니다.

제가 상해에 오래 있게 된다면 애니(Annie)가 여기 와으며 하니다. 하지만 그 애의 건강이 여기 기후를 견디어낼 것 같지 않습니다. 더구나 병석에라도 눕게 되면 런던의 이사님들이 요양소에 입원할 비용을 내 주실 이유가 없을 것입니다. 일본에서는 그렇게 한다는데… 물론 저는 몹시 외롭습니다. 그러나 여기 친구들이 좋아서 행복하다고 말할 수 있습니다. 두 주일 전 고국 영국에 간 록크하드(Lockhart)가 이사회에 간청해서 내가 한구(漢口)에 갈 수 있게만 해준다면 제 건강을 위해서도 더 이상의 좋은 일이 없을 것입니다.

현재로서는 특별히 전해드릴 새 소식이 없습니다. 존(John)이 계속해서 아주 친절한 편지를 보내주고 있습니다. 오늘 존 부인이 그들 어린아이들을 데리고 씨킹(Sea King)호 선편으로 영국에 돌아가는 길에 여기 들러서 보게 될 것 같습니다. 그들은 스원지(Swansea)14에 가는데 80일 후에나 도착할 것입니다.

그 기선은 상해까지 들어오지는 않습니다. 하지만 하구(河口) 14마일 정도에 있는 후싱(Fusing)에는 정박합니다. 무어헤드 부인과 저는 함께 거기 가서 존 부인의 여행이 즐거운 것이 되도록 인사하고 오려고 합니다. 제가 그들에게 아버님 주소를 주었기 때문에 언젠가는 만나게 되실 것이고 중국에 관한 이야기들을

---

14 영국 웨일즈에서 카디프 다음 두 번째로 큰 도시.

주고받게 될 것입니다.

그런데 리찌(Lizzie)는 잘 있습니까. B[15]도 잘 있기를 바랍니다. 저라면 로우랜드(A. Rowland)와 애니 사이가 좋아지기를 바라지 않겠습니다. 로우랜드는 비록 좋은 청년이기는 하지만 건강이 좋지 않습니다. 그것은 확실합니다.

지금쯤이면 윌리엄이 리버풀에 가까이 갔을 것입니다. 부모님이 그를 볼 수 있게 되어서 기쁩니다. 그를 옛날에 가르친 학교 선생이 몹시 아픕니다. 안되었습니다. 저는 거의 매일 윌리엄의 집에 가서 점심을 먹습니다. 부쉬 부인(Mrs. Bush)은 집에 멋진 피아노를 하나 가지고 있는데 기가 막히게 노래도 잘하고 피아노도 잘 칩니다. 여기 겨울은 넉 달을 가는 데 아주 지루합니다. 그 동안에는 아무 선박도 강을 타고 들어오지 못합니다. 지금도 연못의 얼음이 한 피트 두께로 얼어 있습니다. 이제 곧 한 야드[16] 정도 두텁게 얼 것이고 3월 중순에 가야 서서히 녹기 시작할 것입니다. 여기서 북경 가는 길이 온통 얼음으로 깔려서 달구지나 노새들이 얼음 위를 조심스레 가야 합니다. 얼음이 그만큼 단단하다는 뜻이지요. 제가 여행용으로 어떤 옷을 입고 다니는지 상상이 가지 않으실 것입니다. 커다란 털모자를 뒤집어쓰면 코와 입만 내놓고 완전히 전부 덮습니다. 여기 북풍은 면도날처럼 살을

---

15 누군지 불확실.
16 90cm 정도임.

가릅니다. 저는 얼마 전에 아주 예쁜 조랑말을 하나 샀습니다. 이름을 '인디라'라 붙였습니다. 이 말을 타고 이제 신기게 한 5백 마일쯤 되는 북경에 한번 가보려고 합니다. 한 17일쯤 걸릴 터인데 제 집에서 일하는 두 사환(servant)과 같이 가는데 짐들은 물론 수레에 싣고 갑니다.

우리가 가다가 여인숙(旅人宿)에 머물 때에는 약간 높여서 멍석으로 덮은 벽돌 단(壇)에서 지내게 되는데, 손님이 들면 이 단 아래에 불을 때서 그 방고래를 지나는 열기로 단을 따뜻하게 하는 구조입니다.[17] 거기다가 잠자리를 깔면 얼마나 뜨거운지 토스트가 따로 없습니다. 한데 반대로 새벽이 가까이 오면 불 꺼진 지가 오래되어서 사람이 꽁꽁 얼어붙을 지경이 됩니다. 그리고 주막집 요금이 얼마냐 하면, 저와 사환 두 사람의 한 끼 식사(소고기, 쌀밥, 배추)와 잠자는 방, 불, 뜨거운 물, 등등해서 하루 밤 지나는데 한 달라(4실링 6펜스)입니다. 하지만 저는 제가 쓴 돈의 계산서를 여기저기 보내 주어서 지불하게 하기 때문에, 이번에는 물론 스코틀랜드국립성서공회에서 지불하게 할 것입니다.[18] 여기 우편 사정은 아주 엉망이어서 어떤 때는 제 편지가 날짜 순서대로 가지 않을 수 있습니다. 그것은 어쩔 수 없습니다. 물론 제가 북경에 가면 편지부터 쓸 것입니다.

---

17 우리나라 온돌(溫突)의 양식과 같다.
18 이런 것을 보면 이 지음에 벌써 스코틀랜드국립성서공회와 어떤 형태이든 관계가 있었음이 확실.

모두에게 사랑을 다해서
부모님의 사랑하는 아들
로버트 제르메인 토마스 올림

스코틀랜드국립성서공회 소장

8. 티드만 박사에게 〈발문跋文〉

위리어 무어헤드 / 상해 / 1864. 10. 25.

티드만 박사님에게

나의 동료 토마스 씨가 방금 잘 알려진 도시 수초우(Soochow, 蘇州)로 떠났습니다. 그 도시는 몇 년 동안이나 비족(匪族)들 때문에 황폐하여졌다가 최근에 이르러 다시 부흥하기 시작한 도시로, 우리가 선교지로 삼으려고 하는 곳입니다. 그곳은 상해 선교지역과 연결을 맺으면 좋을 그런 곳입니다. 상해와는 대개 80마일 정도의 거리에 있지만, 항구와도 가까워 교통과 연락이 무난한 곳입니다. 그 지역의 사역은 본토인의 도움을 받아 훌륭하게 발전할 수 있습니다. 우리들 생각으로는 여기 상해의 사역을 축소하거나 약화시키지 아니하고서도 그곳과 그 주변 사역을 넓힐 수 있다고 생각합니다. 토마스 씨가 생각했던 대로 거기서 일이 잘 되고 하나님의 은총이 함께 하신다면 그것은 우리들 선교사역이 더 넓은 지역으로 확대되고 복음 전파의 길이 열리는 징검다리가 될 것입니다. 이 지역은 비족의 흔적을 찾아 볼 수 없을 정도로 치안이 안전합니다. 물론 인구가 그 전만큼 번다(繁多)하지는 않지만, 여기에 하나님의 진리의 씨앗을 될수록 빨리, 널리 그리고 효과적으로 뿌리려고 하는 것이 우리들의 목적입니다.

윌리엄 무어헤드

9. 티드만 박사에게 〈발문跋文〉

그리피스 존 / 한구(漢口) / 1864. 12. 6.

티드만 박사님에게

추기(追記):

무어헤드 씨가 상해에서 일어난 사건에 대하여 곧 자세한 글을 올릴 것입니다. 토마스 씨의 행동은 저를 굉장히 비통하게 만들 었습니다. 그가 취한 행동으로 현재로서는 상상할 수도 없는 사 태가 오래 계속될는지도 모릅니다. 저는 그의 행동을 전혀 인정 하지 않지만 정말 불쌍한 생각이 듭니다. 저는 또 이번 사건으로 어려움을 겪으실 귀하에게 심심한 동정을 표하는 바입니다. 이 사건은 이사회의 여러분과 그 동료들에게 깊은 상처를 안겨 줄 것임에 틀림없습니다. 무어헤드 씨는 토마스 씨의 마음이 전혀 선교사역에 있지 않다는 것을 잘 알고 있었습니다. 그가 어떤 일 을 하든지 그것은 다만 시간 문제였습니다. 저는 그에게 불행한 일이 일어나는 것을 막기 위해서 온힘을 기울였습니다. 그는 자 기의 견해와 소원에 맞지 아니하면 그 어떤 것에도 머물러 있지 않기로 결심하고 있었던 것이 확실합니다. 다음 편지를 쓸 때에 는 이 문제에 대하여 좀 더 자세한 내용을 보충해 드리겠습니다.

그리피스 존(Griffith John)

제 III부

중국에서의 독자 선교 시절
(1865)

1. 무어헤드 씨에게

로버트 하트 / 세관 판상실 / 1864. 12. 8.

나의 친애하는 무어헤드 씨

런던선교회의 상해 책임자이신 귀하에게 그 어간의 우정 관계를 생각해서라도 제가 토마스 씨에게 오늘 세관의 직책을 맡겼다는 사실을 알려 드리는 것이 예의라고 생각합니다. 그는 어제 선교회를 사임하고, 그 사직서가 런던선교회 현지위원회에서 수락되었다는 사실을 알려주었습니다.

여기서 토마스 씨의 사임이나 그가 그런 행동에까지 나가게 된 정황에 대하여 어떤 코멘트를 한다는 것은 적절하지 않다고 생각합니다. 다만 저는 그렇게 유능한 언어학자를 우리 기관에 채용할 수 있어서 다행이요, 따라서 그 사실 때문에 미안하다는 생각은 하지 않습니다. 더구나 저는 선교사의 정신이 몸에 배인 사람에게는 우리 세관에서도 간접적인 방법으로 위대한 일을 해낼 수 있는 길이 열려진다고 보고 있으며, 일반적인 방법으로는 접근하기 어려운, 그런 일단의 인사들에게 오히려 의미 있는 영향을 미칠 수 있다고 확신합니다.

경구(敬具)

로버트 하트

※ 여기에 대한 무어헤드의 회신(回信) 복사본이 첨가되어 있다. (거기서 그는 상해위원회가 토마스 씨의 사직서를 수락하지 않았고, 수락할 권한도 없으며, 다만 그것을 런던 본부에 보낼 수만 있다고 부기附記하였다.)

2. 티드만 박사에게 〈발문跋文〉

밀리임 루어헤느 / 상해 / 1864. 12. 8.

티드만 박사님

저는 우리 선교회의 지방위원회의 이름으로 이 편지를 올립니다. 토마스 씨가 우리 런던선교회 상해위원회에 사직서를 냈습니다. 지난밤에 자발적으로 제출하였는데 누구도 생각하지 못하였던 일입니다. 그 직접적인 원인은 한구(漢口)에서 일하고자 하는 토마스 씨의 제안을 존 씨가 현재 형편으로는 받아들여질 수 없다고 해서 그렇게 된 것으로 보입니다. 저 역시 이곳 상해에서 더 열심히 일하려고 하였는데 그것도 원인이 되었을 것입니다.

그는 여기 도착한 이래로 계속 여기저기 다니는 일을 계속하여 왔습니다. 그런데 반대로 저는 그가 이 지역에서 충실하게 일해 달라고 부탁하고 있었던 형편입니다. 그는 한구(漢口)와 북경(北京)을 여러 번 다녀왔습니다. 그리고 이 두 지역 특히 북경에서 일할 준비를 위해 열심히 그 지방 언어들을 학습하여 왔습니다. 저는 여러 차례 상해 지방어를 배워서 여기 선교사역에 봉사할 수 있도록 간곡하게 일러 주었지만, 그는 그런 요청을 완강히 거부하면서 여기서 진행되는 선교사역에는 관심도 기울이지 아니하였습니다. 그는 여러 차례 상해의 언어나 지역 그리고 그 사람들이 마음에 들지 않는다고 하면서 여기서 일하기를 기피하여 왔습니다. 그는 생각이 전혀 다른 데에 가 있었습니다. 그는 매사에 혐오감을 가지고 있었습니다. 하지만 우리 두 사람 사이에는 친화적인 관계가 계속되어 왔고, 서로 그렇게 지내왔습니다. 그리고 우리 두 사람은 한 지붕 아래 살면서 남부러운 우호와 정감으로 살아오고 있었습니다.

물론 그는 이 선교지역에서 해야 할 일을 소홀히 하면서 만다린 말을 쓰는 교사가 일하도록 되어 있는 지방에는 좋아서 찾아다니는 그런, 우리로서는 가슴 아픈 일이 있었습니다. 하지만 우리 사이의 조화와 우정을 깨트리는 그런 일은 없었습니다. 저로서는 한때 이런 일 저런 일을 불평하지 않고 지내려고 하였습니다. 하지만 이런 일이 선교사역이나 저 자신에게 도움이 되지 아니하였습니다. 그는 이곳에 있는 채플이나 지역 선교 스테이션과는 관계를 끊고 지내고 있었습니다. 그는 이곳에 도착하고서는 이 채플에 한두 번밖에 나가지 아니하였습니다. 스테이션에는 한번도 가보지 아니하였습니다. 그는 상해에 온지 1년이 되었는데, 하는 일이란 만다린어를 배우는 일이었습니다. 만다린어는 이 지역에서는 별로 쓰지 않고 있는 말입니다.

저는 얼마 후 한구(漢口)나 소주(蘇州)에 새 선교스테이션이 설치될 예정이니 거기에서 새로운 선교사역을 펼 수 있을 것이라고 일러 주었습니다. 그는 이 소식에 아주 반가워하였습니다. 그러면서 그때까지 상해에 머물러 일하겠다고 다시 확인하였던 것입니다. 한데 존 씨가 여기 와서 토마스와 저와 함께 셋이 마주

앉았을 때에 토마스 씨는 분명하게 여기를 떠나고 싶다고 말하는 것이었습니다. 저는 저 여기서 그렇게 해가고 싶냐고 하면서, 우선 그가 여기 있는 동안은 모든 편의와 안락을 도모하여 주겠다고 약속했었습니다. 존 씨 역시 그의 제안을 좋게 여긴다고 하면서도, 이런 중대한 일은 런던선교회의 이사회가 결정할 일로 그때까지 기다려야 한다고 일러주었던 것입니다. 저는 토마스 씨가 상해에 머물러 일하기를 바랐습니다. 새로 선교지역을 설정한다고 하는 것은 그만큼 해야 할 일이 많아지기 때문입니다.

　그런데 그는 소주(蘇州)로 갔습니다. 결과는 대단히 불만족스러운 것이었습니다. 그가 돌아왔을 때에 저는 다시는 거기 가지 말라고 일러주었습니다. 첫째 그곳은 사회적으로나 정치적으로 대단히 불안정하여 거기서 외국선교사가 일한다는 것은 아주 위험하고, 둘째는 그가 말한 대로 거기 가서 조용히 중국어를 배우면서 선교사의 모습을 드러내지 않고 있다가 몇 달 후에 다른 지역으로 간다는 것인데, 그렇다면 거기 갈 필요가 무엇인가 하는 것입니다. 저는 여기 상해에서 소주 지방어를 배우면서, 마음대로 여러 지방을 다녀보는 것이 어떻겠느냐 물어 보았습니다. 다만 저와 밀접한 관계를 계속 가지고 있는 것이 어떻겠느냐고 일러 주었던 것입니다. 하지만 그는 가기로 결심하였다고 하면서 떠났던 것입니다. 하지만 그는 거기 가서 일자리를 찾다가 실패하고 결국 2, 3주 지나서 돌아왔던 것입니다. 그때 저는 그가 가보는 것이 좋겠다고 말했고 그리고 그는 떠났던 것입니다. 그것이 서로 속 편한 길이었기 때문입니다.

그가 다시 돌아왔을 때에 긴 시간 이야기를 했습니다. 그는 만다린 지방어 학습을 포기할 수 없다고 하였고, 이곳의 선교사역에는 아무 일도 하지 않겠노라고 잘라 말하였습니다. 그는 여기서의 일이 일생 몸 바쳐 일할 것이 아니라고 생각하고 있는 것이 확실합니다. 그리고 기회만 생긴다면 다른 일을 할 각오가 서 있습니다. 하지만 그런 일이 생길 때까지는 상해에 머물면서 피난민들을 돕는 일 같은 것을 하고 싶어 합니다. 저는 그가 임명받은 임지(任地)에서 그 의무를 수행하는 것이 옳지 않겠느냐고 충심으로 일러주었습니다. 그러나 그런데도 그는 유보하는 태도를 보였습니다. 저는 현재로서는 그의 의견을 인정할 수밖에 없습니다. 그렇게 일이 결론 났습니다.

다음 날 저는 30마일 밖에 있는 선교 스테이션에 다녀왔는데, 우리 형제[1]가 걸어가는 이상한 코스가 조용하게 끝났다고 생각합니다. 그는 마음이 불만으로 차 있습니다. 그의 소원과 목적은 딴 곳에 가 있습니다. 최소한도 여기에서는 그에게 주어진 선교사역이나 설교에 도움을 주지 못하고 있는 상태입니다. 따라서 저는 그가 어디 가든지 그렇게 하지 말라는 반대를 더 이상 하지 않기로 하였습니다. 동시에 존 씨가 그를 받아주려고 하는지 그

---

1 로버트 제르메인 토마스를 두고 하는 말.

리고 거기서 그가 정말 만족해할는지 한번 확인해 보고 싶습니다. 저는 존 씨에게 게기 이런 결정을 하게 된 난 하나의 이유는 토마스 씨가 상해의 선교사역과 자기를 완전히 그리고 보라는 듯이 분리시켰기 때문이란 사실을 글로 써 보냈습니다. 저는 이 편지를 부치기 전 토마스 씨에게 일단 다 읽어 주었습니다. 그랬더니 다 듣고 나서 그는 감동을 받은 듯 일어나 정중하게 제 손을 붙잡고 악수를 하였습니다. 이 편지를 쓰는 목적은 제가 관계되는 한, 토마스 씨를 자유롭게, 솔직하게 그리고 완전히 놓아준다는 것을 알려주기 위해서입니다. 그리고 만일 존 씨가 그를 받아들인다면 제가 지금 취한 행동에 대하여 전적인 책임을 지겠습니다. 그런데 얼마 후에 존 씨에게서 회답이 왔습니다. 그는 토마스 씨를 받아드릴 형편이 아니라고 하면서, 웰즈 박사(Dr. Wells)와 함께 몇 년을 일 잘 하고 있다고 하며, 이제 토마스 씨의 문제는 이사회에 넘길 수밖에 없다고 하였습니다. 이런 회답을 보고 토마스 씨는 더할 나위 없이 놀랐습니다. 그리고 그 편지에 그런 취지의 글이 있다는 것을 알고는 그 편지를 읽거나 듣기를 거절하였습니다.

어제(1864.12.7.) 아침에는 서로 현재 형편에 대하여서 오래 이야기를 나누었습니다. 그리고는 서로 이해를 잘하게 되었습니다. 그는 상해 선교 스테이션 사역에 연계를 맺으며 그에 주어진 역할을 잘 감당하겠노라고 다짐하고, 아울러 만다린 지방어와 반

나절 동안의 상해 지방어 학습도 계속하겠노라고 말하였습니다. 하지만 그는 언제나 그랬듯이 그 대답이 덤덤하였습니다. 그러니 추이를 더 지켜보아야하겠습니다.

그런데 우리들이 주거하는 집에 대하여서도 문제가 생겼습니다. 그는 집을 떠나 다른 지방에 갈 때에는 그가 쓰던 방을 그의 친구에게 와서 쓰라고 내주는 형편입니다. 저는 그런 일은 절대 안 된다고 단호하게 말하여 주었었습니다. 이 집은 그와 내가 함께 잘 조정하여 쓰고 있었습니다. 다만 그 아내가 세상을 떠난 다음에는 뒤쪽에 있는 방 하나는 다른 선교사들이 방문할 때 쓰기 위해 남겨두었는데, 그런 조치는 이미 오래 전에 서로 합의한 바가 있습니다.

어제 오후에 그는 선교회 지방위원회를 소집할 수 없느냐고 물어 왔습니다. 그래서 헨더슨 박사와 토마스 씨 그리고 나 이렇게 저녁에 모였습니다. 토마스 씨는 그때 회의를 소집해 달라고 한 이유를 말하였습니다. 그는 런던선교회의 선교사직 사직서를 내기 위한 것이라고 말하였습니다. 헨더슨 박사는 즉시 그 사직서를 받겠다고 말하고 곧 폐회하자고 말하였습니다. 저는 토마스 씨에게 그렇게 하는 이유가 무엇이냐고 따져 물었습니다. 그는 지난 해 자기 나름대로 일을 충실히 하였는데도 선교사역에 관심이 없었다는 말을 들었고, 따라서 앞으로 더 문제가 커지기 전에 사임하는 것이 좋겠다는 친구들의 말이 있었다고 하였습니다. 저는 일생을 바쳐서 일하기로 서약한 선교회와의 관계를 그렇게 끊는 것은 말이 되지 않는다고 만박아였습니다. 그래서 그것 말고 다른 이유, 곧 인간적인 혹은 다른 뭐가 있느냐고 되물었습니다. 그는 그런 일은 없다고 대답하였습니다. 그는 저에게 존경심과 경애심으로 대하여 왔다고 하면서, 그것과는 관계없이 자기에게 맞는다고 생각하는 일을 할 수 없고, 맞지 않는다고 생각하는 그런 일은 계속 할 수밖에 없는 형편에, 이사회에서도 다른 곳으로 전근시킬 전망이 보이지 않는다면, 사직할 수밖에 없다는 것이 그의 답변이었습니다. 저는 우리가 한 선교사의 문제에 대하여 그런 결정을 할 수 있는 권한이 없다고 일러 주었습니다. 그는 그의 가는 길이 그때까지 걸어 온 길과 다를 바가 없을 것이며, 다른 일에는 그의 성향(性向)이 맞지 않는다고 말하고 끝났습니다. 마지막에 가서 우리는 그에게 선교사역에 관한 관심과 선교사로서의 다짐만 있으면 되는데 그러면 얼마나 좋으냐고 하면서, 그렇게 되면 선교사역에 동참하겠노라고 서약하고 여기 온 모든 동료 사역자들에게 커다란 힘이 될 터인데 그러자고 부탁하였습니다. 하지만 그는 자기로서는 더 할 수 없고, 더하고 싶지도 않다고 잘라 말하였던 것입니다.

우리는 이 문제를 이사회 여러분과 귀하에게 상정(上程)합니다. 본국 선교회에서 결정하는 것이 여기 결정과 다를 수도 있을 것입니다. 사실 우리가 결정을 내린 것은 없습니다. 여기서 한 일은 토마스 씨 한 사람의 경우만을 생각하고 내린 결정은 아닙니다. 그는 한 선교사의 입장에서 보면 지난 1년을 꾹 참고 마지못해 일해 왔습니다. 우리가 끝까지 그에게 유연하고 인내심을 가지고 보니까 그가 선택한 코스가 유감스럽다고 생각하게 되는 것뿐입니다. 그냥 무시해 버릴 수도 있었는데 말입니다. 물론 그 자신이 어떻게 생각하느냐 하는 것이나, 그가 선교사역에 유용한 일을 하였더라면 얼마나 좋았으랴, 하는 것은 다른 문제입니다.

그는 여러 외국어에 대해여 상당한 것을 알고 있습니다. 탁월합니다. 하지만 종교나 선교사로서의 자질에 대하여서는 앞으로 더 두고 보아야 할 것입니다. 2년이 지나지 아니하고서는 선교사들이 중국인에게 설교할 생각을 하지 말라는 것이 그의 지론입니다. 그는 언젠가 상해 지방어에 숙달하려면 최소한도 4~5년은 걸려야 한다고 말한 일이 있습니다. 하지만 이런 것들은 그가 왜 그런 결정을 하였는가 하는 데에 대하여서는 의미가 없는 말들입니다. 우리들 생각에는 그가 선교사로서의 기본적인 자질, 곧 헌신과 그 사역에 대한 충성심 그런 것이 없다는 것인데, 이는 참으로 가슴 아픈 일입니다. 그가 외국어를 그렇게 좋아하고 여행하기를 즐기기 때문에 여기저기에서 사람들과 교제가 넓습니다. 그것이 그의 궁극적인 목적을 채워줄 것임에 틀림없습니다. 선교사의 입장에서 본다든가 그가 오래 사귄 사람들을 보면 그가 얼마나 세상일에 말려들어 있는지 쉽게 알 수 있습니다. 그런 사람들 중에 유난히 몇몇 러시아 사람들이 특히 눈에 뜨입니다.

우리는 토마스 씨가 이교인들 틈에 살면서 우리 주님 예수 그리스도를 위하여 진실하고 신실한 일꾼으로 비춰여졌더라면 얼마나 좋았을까 하는 생각이 듭니다. 그렇게 되지 않고 오히려 반대되는 일이 생긴 것을 못내 아쉬워합니다. 그가 선교사역에서 떠나는 이유, 그리고 안수 받으면서 하였던 서약을 파기한 이유, 그런 것이 좀 더 충분하게 설명되었더라면 하는 생각입니다.

경구(敬具)

윌리엄 무어헤드 올림

3. 티드만 박사에게

로버트 J. 토마스 / 런던선교회 상해(上海) / 1864. 12. 8.

경애하는 티드만 박사님

제가 이런 글을 쓰게 되다니 저로서는 더 이상 통탄할 일이 없습니다. 될수록 간단하게 쓰겠습니다. 왜냐하면 저는 지금 억제할 수 없는 혐오감으로 사사로운 스캔들, 그리고 선교회의 꼴사나운 불협화에 대하여 말하려고 하기 때문입니다.

박사님께서는 이미 제가 가지고 있는 선교관이 무어헤드 씨의 것과 다르다는 것을 알고 계셨으리라고 봅니다. 무어헤드 씨도 오래 참아왔고 저도 그의 인품에 대하여 존경심을 잃지 않고 있었습니다. 그러나 한 지붕 밑에 살고 있는 선교사들 사이에는 반드시 있어야할 조화를 깨트리는 그런 일들이 가끔 있었던 것이 사실입니다.

하지만 최근에 무어헤드 씨가 자행한, 누구에게서도 용납될 수 없는 그런 독재적 태도, 그리고 저로서는 좀 마음에 드는 곳에서 일하고 싶은 희망이 끊어진 일 때문에 어쩔 수 없이 여기 사직서를 제출합니다. 이 사직서는 이미 이 지방 선교위원회에 제출되었고, 접수되었습니다.

이런 절차를 밟아야 하는 저로서는 하늘이 무너지는 것 같습니다. 저는 런던선교회의 이사님들과 총무님들에게서 친절과 사랑을 받아왔습니다. 따라서 지금 선교회를 떠난다는 것은, 하나님께서 이 기기 에, 믿고 편달 ㅣ 없는 나 색 입니다.

제가 처음 영국을 떠나 중국에 올 때에는 하나님께 드리는 영광스러운 사역에 제 생 전체를 바친다는 가장 순수하고, 가장 진지한 그런 결심을 가지고 왔던 것입니다. 그런데 여기 와서 보낸 첫해는 말이 잘 통하지 않아서 직접적인 선교사역에는 나서지 못하고 있었습니다.

거창하게 들릴는지는 모르지만, 믿을 수 있는 이에게서 중국에 온 선교사 치고 그 짧은 기간 안에 제가 이른 정도의 수준에 이른 사람은 하나도 없다는 말을 들었습니다. 무어헤드 씨는 제가 좀 더 매력적인 다른 일들을 찾아 헤맨다고 여러분에게 말하였을 것입니다. 그리고 이사님들이 하나님 섭리에 따라 제게 가라고 한 곳에서 제가 계속 일손을 떼고 있다고 비난하였을 것입니다. 여기 대하여 저도 할 말이 있습니다. 저는 사실 오랫동안 이 활동 영역에서 떠나기를 바라고 있었습니다. 왜냐하면 무어헤드 씨 자신도 여기 사람들의 지방어라든가 그 지역성 혹은 품성으로 보아서 다르게 활동할 분야가 많다고 말하고 있었습니다.

제가 정말 상해를 떠나려고 하였던 가장 큰 이유는 무어헤드 씨와 조화롭게 일하기가 불가능하였기 때문입니다. 우리 런던선교회의 모든 선교사들(그리고 다른 많은 사람들)이 존 씨도 예외

없이 무어헤드 씨에 대한 저의 조심스러운 객관성 유지를 인정하고 있습니다. 무어헤드 씨를 거역하는 것과 같은 글을 쓰자니 가슴이 아픕니다. 저는 그분을 사랑하고 존경합니다. 그러나 일을 같이 하기는 정말 힘듭니다. 믿어주시기 바랍니다. 저는 함께 하려고 가진 애를 다 썼습니다. 하지만 지난 12개월간 이런저런 시련을 겪고 나니 앞으로도 그분의 태도가 다를 바 없을 것 같아 더 이상 견디기 어려울 것 같습니다.

더 이상 말씀 드리지 아니하겠습니다. 만일에 이사회에서 이 불행한 사태에 대하여 좀 더 자세하게 말해 주기 바라신다면 즉시 그렇게 하겠습니다. 저는 다른 선교기관에는 절대 가입하지 않겠습니다. 저는 신사로서 선교회가 저를 중국에 보내고 또 현지에서 지탱하여 준 모든 비용을 상환하도록 하겠습니다. 이제 더 이상 급료를 받지 아니하겠습니다.

이 편지에 때로 조리가 없고 일관성이 없는 데에 대하여 사과를 드립니다. 지난달부터 몸이 불편해 앓고 있습니다.

언제나 신실하게

로버트 제르메인 토마스 올림

4. 티드만 박사에게 〈발문跋文〉

그리피스 존 / 한구(漢口) / 1864. 12. 16.

추기(追記):

무어헤드 씨가 상해에서 일어난 사건에 대하여 곧 자세한 글을 올릴 것입니다. 토마스 씨의 행동은 저를 굉장히 비통하게 만들었습니다. 그가 취한 행동은 그가 현재로서는 꿈도 꾸지 못할 그런 사태로 오래 끌고 갈 것입니다. 저는 그의 행동을 전혀 인정하지 않지만 정말 불쌍한 생각이 듭니다. 저는 또 이번 사건으로 어려움을 겪으실 귀하에게 심심한 동정을 표하는 바입니다. 이 사건은 이사회의 여러분과 그 동료들에게 깊은 상처를 안겨 줄 것임에 틀림없습니다. 무어헤드 씨는 토마스 씨의 마음이 선교사역에 전혀 가 있지 않다는 것을 잘 알고 있었습니다. 그가 어떤 일을 하든지 그것은 다만 시간 문제였습니다. 저는 그에게 불행한 일이 일어나는 것을 막기 위해서 힘을 다 기울였습니다. 그는 자기의 견해와 소원에 맞지 아니하면 그 어떤 것에도 머물러 있지 않기로 결심하고 있었던 것이 확실합니다. 다음 편지를 쓸 때에는 이 문제에 대하여 좀 더 자세한 내용을 보충해 드리겠습니다.

그리피스 존(Griffith John)

5. 티드만 박사에게 〈발문跋文〉

윌리엄 무어헤드 / 상해(上海) / 1864. 12. 20.

토마스 씨의 사임(辭任):

토마스 씨가 황립해상세관(H.I.M. Customs)에 관계를 가지게 된 것이 많은 화제를 낳고 있습니다. 하지만 그와 오래 사귀고 가까이 지낸 사람들에게는 별로 놀랄만한 일이 아닙니다. 그는 중궁에 도착하자마자 자기는 세상을 보기 위해서 왔노라고 말하고 있었습니다. 선교사 일을 하려고 온 것이 아니라는 것이었습니다.[2] 그의 현재 직책은 지푸(芝罘)에 위치한 해상 세관의 통역 연수관(student-interpreter) 자리입니다. 그는 3일 전에 배를 타고 떠났습니다. 그는 그 세관에서 주로 중국어나 다른 외국어를 배우면서 통역 일을 할 것입니다.

우리는 아주 친한 친구 사이로 헤어졌습니다. 그는 선교회에서 받은 모든 급료를 상환하겠노라고 약속하였습니다. 그러면서 장래 어디에서나 가능한 한 우리 선교회와의 일체감을 자랑하겠노라고 다짐하였습니다. 그는 선교회 본부에 이미 글을 보냈을 것입니다. 저는 다만 그가 가는 길 어디에서나 잘 되기만을 바라고 있습니다. 하지만 한 가지는 아쉽습니다. 그가 만일에 선교사역에 처음부터 온 마음을 기울였더라면 그렇게 쉽게 그 임무를

---

2 여기 무어헤드의 악의적인 말들이 널려지고 있다.

저버리고 그렇게 위험한 세상적인 유혹에 빠지거나 영적 위험에 말려들지는 아니하였을 것입니다.

여기에 세관장 로버트 하드 경(Sir. Robert Hart)의 편지 복사본을 보내드립니다.

윌리엄 무어헤드

6. 티드만 박사에게

알렉산더 윌리엄슨 / 지푸(芝罘) / 1865. 1. 25.

존경하는 박사님

지금쯤이면 확실히 토마스 씨의 사직서를 받았을 것입니다. 그리고 동시에 그가 세관에 조-통역관(助通譯官)으로 취직한 것도 아시리라고 봅니다. 그는 8~10일 전에 발레타(Valetta)선편으로 여기 도착하였고, 저에게 '친절한 동정'을 베풀어 주라는 부탁을 하는 와일리 씨(Mr. Wylie)의 편지를 들고 왔습니다. 제 아내도 어제 존경 받는 한 크리스천 숙녀에게서 편지를 받았는데, 토마스 씨가 취한 행동이 옳았다고 인정하는 글을 써 보내왔습니다.

저는 그가 중국에 오고 나서 여러 차례 만났습니다. 그리고 이번 사직서를 낼 때에도 여러 차례 진지한 대화를 나누었습니다. 제가 그를 만나기 전까지는 그가 자기 마음 내키는 대로 선교사 일을 집어치우고 이번 일을 하게 된 것이라고 생각한 것이 사실입니다. 그런데 제가 알고 기뻐하게 된 것은 그는 변함없이 선교 사역에 대하여 오랫동안 품어온 그대로의 일관된 의지를 가지고 있으며, 그것이 최고의 것이라는 신념을 흔들림 없이 굳게 지켜 왔다는 사실입니다. 그는 저에게 그가 사임하게 된 그 고통스러운 정황을 다 말하여 주었습니다. 그는 현지 위원회에 선교 스테이션을 바꾸었으면 한다는 뜻을 전하였고 합니다. 그런데 그 위원회가 계속 아무 말도 안 해주기 때문에 그것이 자기 제안을 거부하는 표시로 보고, 더 이상 무어헤드 씨외는 그 일됩게 일휠 수 없다고 판단하여, 사임하는 길밖에 없다고 결정한 것 같습니다. 그래서 사표를 내고는 여기 세관장 하트 씨를 찾아가 일자리를 구했더니, 하트 씨는 그가 겪고 있는 일을 다 아는 듯 그 자리에서 그를 현직에 임명하였던 것입니다. 한데 그때 그는 하트 씨에게 자기는 선교사역에서 떠난 것이 아니고, 세관에 온 것도 선교사로서 온 것이요, 따라서 언제든지 선교사로서의 길이 열리면 즉시로 거기 간다는 그런 전제를 달았다고 합니다. 하트 씨는 고맙게도 그런 제의를 아무 거리낌 없이 곧 받아 주었다고 합니다. 그런 것이 그의 현재 모습입니다. 그리고 여러분의 회답을 학수고대하고 있습니다. 런던선교회 이사회 위원회가 그가 되돌아와 선교사역에 헌신할 길을 열어주시기만 한다면, 상해가 아닌 다른 곳에 임명해 주시기만 한다면, 왈칵 여러분들의 기대에 당장 부응할 뿐만 아니라 여러분들의 후원 아래 그가 그렇게 꿈꾸어오던 일을 할 수 있게 된 데에 대하여 전능하신 하나님께 감사하고 흐느낄 것입니다.

저는 토마스 씨에게 왜 그런 일을 했느냐고 유감을 표했습니다. 그리고 그가 취할 수 있었던 다른 몇 가지 방법을 지적해 주었습니다. 그런 방법들을 그는 생각해 본 일이 없다고 말했습니다. 다만 일터에서 쫓겨난다는 두려운 생각 때문에 무서워서 하트 씨에게 달려갔던 것이라고 대답하였습니다. 저는 그가 여러분들이 그의 소원대로 다시 받아 주신다면 세관 직에서 명예롭게 나올 수 있느냐고 물어 보았습니다. 그는 계약 상태이기 때문에 한 달 혹은 서너 달 전에 미리 예고하고서 떠날 수 있다는 것입니다. 현재로서 그는 공문서들을 번역하고 있으며, 급료에 해당한 것보다는 훨씬 많은 일을 하고 있다고 합니다.

이 문제가 여러분들을 얼마나 괴롭게 하고 있는지 잘 알고 있습니다. 이런 문제를 해결하려면 위원회가 얼마나 어려움을 겪을 것인가 하는 것도 잘 알고 있습니다. 사실 저는 토마스 씨의 문제가 다급하지 않다면 이렇게 서둘러 편지를 올릴 필요가 없었을 것입니다. 그는 제가 한 줄의 글이라도 여러분에게 쓰는 것이 여러분들이 이 일을 판단할 때에 다른 어떤 자료보다도 더 큰 도움이 된다고 생각하고 있습니다. 물론 이런 경우 제가 글을 쓰지 않겠노라고 거절하기는 힘듭니다. 저는 그와 사귄지 오래 되었습니다. 그래서 그의 생각, 방법, 행동들을 잘 알고 있습니다. 저는 이번 경우 그가 생각을 깊이 하고 행동하였다고 보지 않습니다. 하지만 동시에 저는 그가 진실한 기독교인이요, 선교사역에서 그리스도를 섬기기를 갈망하는 데에 더할 나위 없이 진지하다는 것을 알고 있습니다. 지금 다시 돌아가서 주님 섬기겠다는데 다른 동기가 따로 무엇이 있겠습니까. 지금 그가 하고 있는 일에 남아 있으면 대단한 금전상 혜택의 유혹이 있습니다. 지금 세관에는 그런 유능한 인재가 필요합니다. 그래서 갖은 말로 그를 치켜세우고 있는 형편입니다. 그런데도 그는 꼭 떠돌이고고 싶어 합니다. 저는 그가 사실 지금껏 억울하게 오해를 받아왔다고 생각하고 있습니다. 그것이 오늘의 문제의 시작이었습니다. 이제 여러분께서는 그의 능력과 기질을 잘 알고 계십니다. 그는 외국어 학습에 있어서 실로 놀라울 정도의 약진을 보여 주었습니다. 그래서 저는 토마스 씨야 말로 이 중국제국(帝國)에서 진리를 위해 눈부신, 위대한, 그런 일을 할 능력을 갖춘 젊은이라고 조금도 의심하지 않고 믿고 있습니다.

하나님께서 여러분들이 정당한 결정을 하도록 인도하여 주시리라 믿습니다. 동시에 제가 한 말씀만 드려도 되겠습니까. 여러분, 그의 문제를 꼭 잘 해결해 주시기 바랍니다. 그에게 불리한 판정을 내려주지 말아 주시기를 부탁합니다. 비록 그가, 여러분들께서 그의 탄원을 받아 주시지 않으면 다른 선교회에 가면 된다고 말은 하지만, 여기서 나간 사람을 다른 데서 쉽게 받아주겠습니까. 그렇게 되면 그의 마음이 얼마나 무겁겠습니까. 그는 아주 성품이 예민한 사람입니다. 그를 잘 대해 주시고 친절하게 그리고 생각을 깊이 하셔서 대해 주시면 그는 일급(一級) 선교사가 될 그런 재목입니다. 그렇지 않으면 더 멀리 우리에게서 떠나 갈 것으로 보입니다.

"너희가 알 것은 죄인을 미혹된 길에서 돌아서게 하는 자가 그의 영혼을 사망에서 구원할 것이며 허다한 죄를 덮을 것임이라"
(야고보서 5:20)

저와 제 아내가 함께 글을 올립니다.

알렉산더 윌리엄슨

7. 부모에게

로버트 토마스 / 런던선교회 북경(北京) / 1865. 1. 27.

친애하는 부모님

지난 주일에 저는 여기에서는 제일 빠른 편에 편지를 올려 드렸습니다. 러시아를 통해서 가는 우편입니다. 그편으로 보내는 것이 겨울철에는 불란서의 마르세유를 통해서 보내는 것보다 훨씬 빨리 갑니다. 저는 고드페리 여사(Mrs. Godfery)[3]에게도 글을 씁니다. 만일에 제가 그 부인에게 쓴 편지가 잘못되어 안 가거나 늦으면, 제가 편지를 보냈다고 그분에게 글을 쓰거나 말씀하여 주시기를 바랍니다. 저는 나의 최애(最愛) 캐리의 묘비를 위해 £50을 드린다고 말씀 드렸습니다. 제 생각에는 여러 비용을 다 합친다고 하여도 상해 기준으로 £40을 넘지 않으리라고 생각합니다. 만일에 £10가 남는다면 아버님이 런던에 가시는 기차표 값을 빼시고 석판(石板)을 하나 고르셔서 4 조각판을 만들어 사 주시겠습니까. 하나에 약 £1. 1. 0 정도할 것입니다. 거기에 소박하지만 품위 있는 사진틀을 끼워 조심스럽게 포장(包裝)하여 조심스럽게 상자에 넣어 탁송해 주시겠습니까. 제게 보내실 주소는 현재 지푸(芝罘)해상세관장 편에 보내시면 됩니다. 왜 세관장 편으로 하느냐 하면 우편물을 가져오는 선박의 선장들은 선교사들

---

3 그의 사별한 부인 캐롤라인 고드페리의 어머니.

보다는 세관 관리들이라고 해야 친절하게 해줍니다. 그것은 세관장 역시 선장에게 많은 일들을 해주기 때문입니다. 세관장께서 저에게 그렇게 우편물이 오도록 하라고 했습니다.

어머님은 제가 긴 편지를 쓰지 않고 어머님 편지에 제대로 회답도 하지 않았다고 불평하셨는데, 제가 쓴 몇 편의 편지가 어머님에게 가지 않고 어디서 잘못된 것 같습니다. 저는 바로 지난주에 어머님 편지를 받았는데, 좋은 편지는 아니었습니다. 하지만 받아서 반가웠습니다. 엄마는 제가 떠돌아다니는 별이 아닌가 하고 아무 근거 없이 의심하고 계신데, 저는 건강을 위해서 여행을 하고 있습니다. 한데 지금은 여기 행복하게 정착하고 있습니다. 여기 계속 있을 것입니다. 제 야망의 목표가 여기입니다. 여기 북경의 런던선교회는 세 사람으로 되어 있습니다. 곧 에드킨스 씨 (Mr. Edkins)[4], 다지온 박사(Dr. Dudgeon) 그리고 저입니다. 저는 매일 중국말을 배우고 내 방을 잘 꾸미고 하노라 바쁘게 지내고 있습니다. 우리 세 사람은 여기 넓직한 구내(構內)에서 함

---

4 Joseph Edkins. 1823.12.19.~? 런던선교회 중국 지역 책임자. 코와드 (Coward College) 졸업, 런던선교회 중국 선교사 임명, 1847.12.7.에 목사 안수, 1848.3.19.에 향 중국, 6.22에 한구(漢口)에 도착. 1852~1858『Chinese and Foreign Concord Almanac』출간. 1866.9 토마스가 대동강에서 순교할 무렵, 무어헤드와 몽골 여행.
그해에 여러 선교사들과 함께『만다린 한문 신약성서』발간. 1875 영국에 잠시 귀국, 영국 에딘바라 대학교에서 D.D. 학위. 1876.1.15. 영국 떠나 4월에 중국 도착.

께 살고 있습니다. 다지온 박사만 따로 살고 있습니다. 나는 방네을 쓰고 있고, 식탁은 에드킨스 씨와 공동으로 쓰고 있습니다. 현재 우리는 중국 소년 하나와 몽골인 하나를 사환으로 쓰고 있고, 조랑말을 하나 키우고 있습니다. 하지만 저는 여행을 오래 할 때에도 어디 가든 편안하다고 생각할 만큼 곤경을 잘 참아내고 있습니다. 제가 여행 다닌 이야기를 할 때에는 북경 코트(Court)에 외국 대사들을 포함한 많은 청중들이 모여듭니다. 그제 저녁에는 여기 영국공사관에서 공사관의 서기관들과 저녁식사를 함께 하였습니다.

다음 주일에는 여기에서 처음으로 '부자와 나사로의 비유'를 가지고 중국말로 설교를 합니다. 우리가 살고 있는 구내(構內) 바로 앞에 아주 아담한 큰 채플이 하나 있습니다. 지난 주(週)는 기도 주간이었습니다. 여기 있는 모든 선교사들이 돌아가면서 자기들 집에서 매일기도회를 지키고 있습니다. 우리가 여기서 어떻게 살고 있는지 다 자세하게 말씀드리기는 정말 힘듭니다.

여기서는 잘 지내고 있습니다. 사슴고기에 산토끼고기, 꿩고기, 메추라기고기, 소고기 등등인데, 다 대단히 맛 좋고 가격은 쌉니다. 다 냉동되어서 오래 보관할 수도 있습니다. 바로 어제 에드킨스 부부(Mr.& Mrs. Edkins)께서 메추라기를 50마리나 가져다주었습니다. 우리는 사슴고기를 9실링에 살 수 있고 양(羊)은 한 마리에 7실링이면 살 수 있습니다.

그리고 디저트(후식)로서는 사과, 배, 그리고 포도를 조반(朝飯) 때나 저녁 식사 때 듭니다. 이처럼 우리는 영국5 집에 있을 때보다 한 없이 좋고 값이 싼 식사를 하면서 생활하고 있습니다. 북경(北京)은 언제나 흥미로운 곳입니다. 지금은 더욱 그런데 중국의 새해가 다가오기 때문입니다. 몽골 사람이나 한국 사람들이 밀려들어오고 있습니다. 저와 에드킨스 씨는 메일 아침 중국인 원입교인(願入敎人)을 위해서 한 반(班)을 만들어 가르치고 있습니다. 그리고 조반을 들고 나서는 중국인 조사(助師)들이 3~4시간에 걸친 설교를 합니다. 그리고 난 다음에 저는 쇼핑에도 가고 말을 타기도합니다. 기후는 좋지만 춥기는 매섭습니다. 눈은 안 오는데 밤중에는 바람이 몹시 불고 먼지도 얼마나 쌓이는지 모릅니다. 제가 지푸(芝罘)에 두었던 제 가방들이 도적맞았다는 소식을 방금 들었습니다. 결국 £10 정도 값이 나가는 물건들을 잃은 것입니다!!! 하지만 중국에서는 이런 불운은 아주 차분하게 받아드려야 합니다. 얼마 전에는 천진(天津)에 있는 한 감리교 선교사 (이름이 인노센트Innocent)의 집에 도둑들이 들어서 잠자고 있는데 그들 침실에서 시계를 훔쳐갔습니다. 여기서는 물건을 덜 가지고 있는 것이 좋습니다. 저는 지금 가구들을 정리하고 옷들을 제대로 챙겨 놓는데 시간을 보내고 있습니다. 제가 다

---

5 웨일즈(Wales)가 고향인데 England라고 썼다. 영국은 United Kingdom이라고 해서, Wales, England, Scotland, Northern Ireland, 이렇게 네 자라 연합 형태 국가이다. 여기서 Wales, Scotland, Northern Ireland 만이 본토박이.

해야 합니다. 집 구조나 가구들을 제대로 맞추어 놓는 것이 문제입니다.

봄이 되면 한구(漢口)의 존(John)이 여기 와서 에드킨스과 함께 몽골에 다니려 갑니다. 그러니 그들이 거기 간 1~2개월 사이에 모든 설교나 교육의 총책임이 제 어깨위에 지워지게 되었습니다. 다시 생각나는데 윌리엄이 고향집에 무사히 도착하였기를 바랍니다. 제가 계속 거듭 거듭 말씀 드렸지만 그가 열심히 공부하는 스타일이고 똑똑한 사람이라면 어떠했을까요. 과거나 현재의 사업이 완전히 침체한 것을 보면 그에게는 주어질 자리는 없다고 여겨집니다. 저는 그가 아무리 그렇다 손치더라도 <u>저급한(low)</u>[6] 자리에까지 간 것을 보고 온몸이 떨립니다. 제대로 교육을 받고 실직한 사람은 중국에서는 대개 죽을 때까지 술을 퍼마십니다. 중국에서 그렇게 술을 퍼마신다는 것은 무서운 저주입니다. 저는 이곳 상인들 한 떼가 저녁 후 밤새 술을 퍼마시고 다음 날 조금도 부끄러워하지 않는 모습을 보았습니다.

엄마(Mamma)가 "네 M이[7] … 지금 어디 있느냐고" 하고 물으셨는데, 지금 제가 5분 이상을 열심히 들여다보아도 그 글을 읽을 수가 없어요. 저는 지난주일 편지에서 제 책들『그날들의 정신』을 운송하던 선박이 상해에 안전하게 도착한 것을 알았습니

---

6 토마스 목사가 친 밑줄.
7 무슨 뜻인지 불분명.

다. 하지만 천진(天津)의 강이 얼어붙어서 4월이 지나야 그 우편물을 받아 볼 수 있다고 합니다.

우리들은 여기서 일어난 폭동에 대하여 별로 놀라지 않고 있습니다. 꼬마 랄리(Lallie)가 많이 나아졌다니 반가운 소식입니다. 토퀘이(Torquay)[8]나 혹은 다른데 여행하는 것이 좋은 일이라면, 제가 집에서 만들고 있던 판화(版畵)그림은 포기하고 엄마가 랄리하고 함께 데본[9]에 가시기를 바랍니다.

묘비를 어떻게 할는지에 대하여[10] 너무 신경 쓰지 마시기를 바랍니다. 그냥 평범하면 됩니다. 하지만 품위 있어야 하고 거기 십자가를 세우고해서 기독교의 모습이 현저하게 나타나야 합니다. 제가 써 보낸 비문(碑文)에 가필(加筆)하거나 변경하지 마시기를 부탁합니다. 그리고 그 어머니 고드페리 부인(Mrs. Godfery)에게는 현재로서는 아무 말씀도 하지 마시기를 바랍니다. 비문 글자의 색깔이나 모양은 고딕(Gothic) 스타일로 해주시기 바랍니다. 이 편지가 도달하고 나서 얼마 후에는 제가 보내는 돈이 도착할 것입니다. 애니(Annie)에게는 이번 가을 이전에 검은 담비털로 만든 머프[11]를 보낼 것이고 – 물론 가죽으로만 만든 것 – 그러

8 영국 데본 주(州)(Devon-shire)에 있는 해안 도시.
9 영국 남서부의 한 주(州).
10 그의 아내 캐롤라인의 묘비(墓碑).
11 양손을 따뜻하게 하는 모피로 만든 외짝의 토시 같은 것.

면 애니가 제 마음에 들게 거기다가 줄로 두르고 다른 것들로 예
쁘게 꾸민 수 있을 것입니다. 그리고 김미 내게는 담비 모피의요
을 보내줍니다. 지금 제가 쓰고 다니는 모자는 검은 담비모피로 만
든 것입니다. 약간 비싸지만 보기에나 느낌에 확 마음에 듭니다.
이제 나의 사랑하는 이들에게 작별을 고합니다.

아버님의 사랑하는 아들
로버트 제르메인 토마스 올림

추신:

베시(Bessie)[12]는 홍콩에서 더 이상은 여기 가까이 오지 않
고 있습니다. 여기 윌리엄의 두 편지를 동봉합니다. 그의 편지
가 지푸에 도착하면 그에게 될수록 속히 알려주시기 바랍니
다. 저는 그 사이에 한국에 다녀왔고, 그 편지들은 금년 1월
5일에야 받았습니다.

스코틀랜드국립성서공회 소장

---

12 Elizabeth의 애칭. 누군지 불분명.

8. 티드만 박사에게

로버트 J. 토마스 / 지푸(芝罘) / 1865. 1. 31.

친애하는 티드만 박사님

제가 지난번 글 올리고 나서 계속 마음이 괴로웠습니다. 그때 저는 저를 대하는 무어헤드 씨의 태도에 대하여 마음이 너무 애 탔고 분노까지 느끼고 있었습니다. 그래서 냉정하고 침착하게 그 때 일어났던 일에 대하여 말씀드리기가 힘들었습니다. 제가 상해 에 도착하고 나서 저는 여기 계신 윌리엄슨 씨와 다른 선교사님 들과 여러 번 만났는데 그분들은 무어헤드 씨에 대하여 제 입장 을 두둔해 주면서도, 선교회를 떠나서 다른 직종에 나가는, 그런 중요한 일을 너무 서둘러 결정한 것이 아니냐고 아쉬워하였습니 다. 이제 제가 드리는 글을 보시면 아시겠지만 사실 저는 무어헤 드와 헨더슨 때문에 추방되었다고 함이 옳을 것입니다.[13]

우선, 급료문제인데 저는 제가 받는 것이 상해에서는 충분하 다고 보고 있었습니다. 상해(上海)는 현재로서는 생활비가 많이 드는 곳입니다. 저를 모르는 사람들은 제가 돈을 벌고 있다고 생 각할는지 모릅니다. 실제 저는 현재 누구보기에도 별로 힘을 들 이지 않고 하는 일에 600파운드를 받고 숙소도 제공받고 있습니

---

13 여기 Mr.라든가 Dr.란 칭호를 의도적으로 뺐다. 추방(compelled)이란 단어에 는 밑에 강조한 밑줄을 쳤다.

다. 그리고 2년이 지나면 해마다 1,500파운드를 받기로 하고 있었습니다. 하지만 이보다 급료가 배 이상 된다고 하더라도 선교회에 남아 있었을 것입니다.

그런데 지난 봄 중국 고급관리가 우리 선교회를 찾아와 영중학교(英中學校 Angro-Chinese School) 설립안을 내놓았습니다. 영어선생은 아침에만 가 있는데도 한해 500파운드 지급한다는 것이었습니다. 그런데 한 가지 조건은 기독교에 대하여 한마디도 해서는 안 된다는 것이었습니다. 무어헤드 씨는 이렇게 기독교에 대한 언급 금지를 알면서도 저에게 계속 거기 가라고 강요한 것입니다.

저는 두 가지, 아니 세 가지 이유로, 거절하였던 것입니다. 저는 돈을 원하지 않았습니다. 가르치는 일 때문에 매어 있어서는 안 된다고 생각하고 있었습니다. 더구나 저는 선교회와 의논하지 아니하고서는 그런 일에 나설 수 없다고 그렇게 믿고 있었습니다. 한구(漢口)의 존은[14] 무어헤드가 젊은 선교사를 유혹하고, 또 제가 그렇게 거절하고, 또 그는 그렇게 할 권한 없는데도, 학교 측에 그렇게 하겠다고 승낙한 데 대하여, 대단히 섭섭하게 생각하고 있었습니다. 제가 이 말씀을 드리는 것은 제가 취한 최근의 행동이 절대로 돈 때문이 아니었다는 사실을 입증하기 위해서

---

14 여기에서도 Mr.란 존칭 생략.

입니다. 그러면 무엇이 저로 하여금 상해 선교회를 그렇게 서둘 러 떠난 정황(情況)이 무엇인지 말씀 올리겠습니다.

① 무어헤드는 지난 12월에 그가 원할 때에 제가 영어교사 자 리를 맡지 아니하면 제 급료를 주지 않겠다고 위협하였습니다. 저는 내키지 않아 결국 거절하였습니다. 〈선교교회〉, 곧 무어헤 드가 설립한 교회가 아닌 어떤 것에도 저는 마음을 줄 수 없었습 니다. 그는 마침내 그의 집일을 보는 집사로 얼마를 받고 목사 일 을 보는 사람을 그 자리에 앉혔습니다. 이런 행동은 상해에 사는 사람들의 뜻에 어긋나는 것으로 그들은 당장 목사 하나를 임명하 라고 다그쳤습니다. 저도 자연히 이 무어헤드의 교회 교적부에 등록하고 있었습니다. 그런데 저는 이 교회에서 아무 것도 할 일 이 없다는 것을 알았습니다. 런던선교회 구내(構內)에 채플이 하나 있었다면 그리고 거기 선교사들이 목회를 돌아가면서 한다 면 저 역시 아무 봉급도 받지 아니하고 제 차례가 되면 당연히 〈선교지 채플〉의 사역을 맡아 하였을 것입니다. 그런데 무어헤 드에게는 이렇게 할 생각이 전혀 없습니다. 그는 급료를 받는 목 사요, 저에게는 무급으로 그의 조수가 되어 달라는 것이었습니 다. 저는 단연 거절하였고, 그렇게 한 것이 옳았다고 생각합니다.

② 저나 제 불쌍한 아내가 영국에서 여기 처음 도착하였을 때 에 우리는 맥고완(MacGowan)회사가 지은 집이 우리를 기다리

고 있을 줄 알았습니다. 그런데 와보니 무어헤드는 자기가 살던 집을 이미 다른 사람에게 세(貰)를 주고, 제가 들어가 살 집을 자기가 차지하고 있었습니다.

저는 전혀 불평하지 아니하였습니다. 그리고 무어헤드가 내 집을 똑같이 나누어 쓰자고 해서 그러자고 했고, 전혀 군말하지 아니하였습니다. 한 지붕 아래 두 가정이 산다는 것은 정말 할 일이 아닙니다. 그의 집은 불란서 상인에게 세 주었는데, 거기서 나오는 전세값 문제도 아주 복잡하였습니다. 제 아내가 죽은 다음에는 또 무어헤드 부인이 제가 쓰고 있는 방 2~3개를 빌려 달라고 해서 그렇게 했습니다. 저는 기꺼이 그렇게 하였습니다. 그러면서도 그 방들은 제 것이라고 생각하고 있었습니다. 그런데 지난 달 저로서는 참으로 이해할 수 없는 사건이 터졌습니다. 제가 제 친구인 한 장교 부부를 며칠 함께 지내자고 초청한 일이 있습니다. (물론 저는 미리 무어헤드에게 그런 일을 다 알리고 있었습니다.) 그런데 마침 제가 없는 사이에 그 친구 부부가 집에 왔더니 그들은 제 친구에게 아주 거칠게 대하면서 저는 이 집에서 다만 두 방만 쓰도록 되어 있다고 소리치며 이 집은 무어헤드의 것이지 제 것이 아니라고 핀잔을 주더라는 것입니다. 물론 후에 무어헤드 부부는 우드(Wood) 소령 부부에게 사과하였다고 합니다. 하지만 후에 어떻게 된 것이냐고 물었더니 제가 들은 단 한 가지 대답은 "이 집은 전부 내 집이요, 집을 어떻게 쓰느냐 하는 것은 전적으로 내 마음에 달린 것이요", 이런 것이었습니다.

③ 무어헤드는 제 아내가 세상을 떠날 때 그렇게 잘해 주었는데도 인사 하나 제대로 받지 못하였다고 불평하였습니다. 저는 여기 솔직하게 말씀드립니다. 무어헤드 부인은 제 아내가 죽어갈 때에 돌보지 아니하였습니다. 더구나 살아 있을 때에도 겁주고 괴롭혔습니다. 지금 이런 글을 쓰는 제가 얼마나 힘든지 아실 것입니다. 그러나 저는 이렇게 해야만 한다고 생각하고, 냉정한 심정으로 이 글을 써나가고 있습니다.

여기 쓰는 일들은 다 하루 안에 생긴 일들입니다. 나는 몹시 경멸을 당하였습니다. 저는 그길로 친구 하트 씨(Mr. Hart)[15]를 찾아갔더니 무어헤드나 헨더슨이 제 급료를 중지한다면 직장을 하나 마련해 주겠다고 나를 위로해 주었습니다.

---

15 Sir Robert Hart. 赫德. 1835~1911, 중국의 大淸皇家海關總稅務司(Inspector-General of China's Imperial Maritime Custom Service (IMCS)). 북아일랜드 출신. 1853년 Queen's College, Belfast 졸업, 1854 중국에, 寧波에 가서 1858年 영국광동영사관의 連合軍軍政庁書記官. 광동(廣東)에서 한국과 한영(韓英)조약을 맺은 Sir. Harry Smith Parkes 아래서 외교관. 1859 광동해관(廣東海關)의 부세무사(副稅務司). 1863 총세무사(總稅務司). 이홍장(李鴻章)과 막역(莫逆)한 사이. 근 40년 근무. 1900의 의화단(義和團)란 때에 외교교섭에 분주. 1908 귀국 1911년 총세무사(總稅務司) 재직 상태서 서거. 상해해관(上海海關)앞에 동상(銅像)이 있었으나 지금은 없다. 세계 각국에서 16개 국가에서 23의 훈장, 명예박사 등 받음. 당시 하트는 30세, 토마스는 25세.

저는 이렇게 해서 사직서를 냈고, 하트 씨는 지푸의 세관에 단순히[16] 한 통역관 자리를 내주었습니다. 저는 선교회의 자리를 명예롭게 떠날 수 있었습니다. 제가 하는 일을 끝까지 하고 한 달 후에 떠난다고 미리 예고해 두었기 때문입니다.

저는 이제 제가 할 일들이 고위층과 접촉하는 일이기 때문에 아주 좋은 일들을 할 수 있게 되리라고 기대하고 있습니다. 더구나 한 통역관으로서나 중국의 세관 관리로 일하며 선교사로서 중국인에게 좋은 일을 할 수 있겠구나 하는 생각도 하고 있었습니다.

저는 엄숙하게 밝히 말씀드립니다. 제 가슴은 일하는 데에 가 있습니다. 저는 일을 사랑합니다. 저는 중국을, 중국 사람을 사랑합니다. 저는 지난달 그렇게 비통한 사건이 터지기 전까지는 한 번도 런던선교회를 떠난다는 생각을 해본 적이 없습니다. 무어헤드가 저의 급료를 안 주겠다는 협박을 하지만 않았더라도 사직서를 보냈을 이유가 없었습니다. 더구나 제 명예를 더럽힐 일이 한 둘 있어서 그런 것들 때문에 '토마스 당신은 마음속으로 선교사가 아니구나' 하는 생각을 가지실 것이라는, 그런 일만 없었더라도 사직서를 내지 않았을 것입니다.

---

16 토마스 목사가 친 밑줄

이사회에서 제 지나간 일을 용서하시고 다시 받아 주시겠습니까? 제가 너무 서둔 것을 고백합니다. 저급하거나 불순한 동기는 전혀 없었습니다. 저는 성급했습니다. 지나치게 독자적으로 행동하였습니다. 통회하는 마음으로 이렇게 말씀드립니다.

저는 여기 중국인 들 틈에서 우리 선교회에 덕이 될 그런 일들을 애써 해왔습니다. 그리고 감히 말씀드리는데, 그 어간의 실정을 잘 알고 있는 사람이라면 제 사임에 다하여 비웃는 말을 하는 사람은 하나도 없을 것이라고 장담합니다. 이곳 영국 공사 모리슨 씨(Mr. Morrison)[17]는 제가 있는 곳에서 아주 보람 있는 일을 할 수 있다고 격려해 주었습니다. 저는 계속 그저 선교사 그것이 되고 싶을 따름입니다. 제가 겪은 여러 시련과 거기서 배운 것들은 하나님의 섭리에서 온 것으로, 하나님께서 제 교만을 꺾게 하려고 주신 은총이라고 믿습니다. 하나님께서 저를 계속 그 분의 신실한 종(從)으로 서있도록 힘주시기를 바랍니다. 저는 다른 선교회에 갈 수도 있습니다. 하지만 여러분과 계속 연결되는 것이 저의 영광이며 특권이라고 생각합니다.

저는 상해에서 별로 좋은 상태에 있어 본적이 없습니다. 저는

---

17 1807년 중국에 갔던 저명한 미국선교사 로버트 모리슨(Robert Morrison, 1782-1834)의 아들.

그런 사실을 말하기에는 너무 자존심이 걸려 그런 말을 하지 않고 있었습니다. 왜냐하면 제가 얼마나 거기서 벗어나고 싶어 했는지 다들 잘 알고 있기 때문입니다. 한데 지금 저는 여기에서 힘이 생깁니다. 마음도 더없이 가라앉아 있습니다.

더 이상 말씀드리지 아니하겠습니다. 이사회 위원회의 결정을 인내를 가지고 기다리겠습니다. 제 시간은 낭비된 것이 없습니다. 중국어를 학습하는 원리는 다른 모든 직종에도 마찬가지이기 때문입니다. 세관에 갔을 때 저는 그 자리에 선교사로 갔습니다. 제 심령과 마음이 그랬습니다. 그러니 제 생각이 바뀌거나 간섭받은 것은 없습니다.

경구(敬具)

로버트 제르메인 토마스 올림

* 다음 저에게 글 쓰실 때는 지푸(芝罘)의 세관편(C/O)으로 보내주시기 바랍니다.

9. 티드만 박사에게 〈발문跋文〉

조나단 리스 / 천진(天津) / 1865. 2. 8.

요새 또 한 사건이 생겨 속상하시겠습니다. 여기 상해에서 진행되고 있는 일들을 말씀드리지요. 방금 들려온 소식 때문에 우리들은 다 당황하고 있습니다. 토마스 씨가 우리를 떠났다는 소식 때문이지요. 저로서는 아직 정확한 상황을 모르고 있습니다. 이상하게도 토마스 씨나 무어헤드 씨 두 사람이 다 아무 글도 저에게 보내고 있지 않기 때문입니다. 그러나 그 소문은 정확한 것으로 압니다. 토마스 씨는 지푸에 있으면서 북쪽으로 가려고 기다리고 있답니다. 우리는 그가 지난 해 상해에 있는 중국 정부의 고위직에 오라는 청빙을 받았지만 거절했다는 소식을 들었습니다. 현재 그가 무엇을 하려고 하는 것인지 알 수가 없습니다. 아시다시피 그는 지난해 여기 온 일이 있습니다. 그에 대해서는 정말 사방에서 칭찬이 자자합니다. 다른 것은 몰라도, 그의 언어 능력만은 혀를 차게 합니다. 의[18] 하나를 가지고서도 그는 우리들 중에서 높은 자리에 있어야 하는 것이 공평한 일일 것입니다. 우리들의 일은 그에게는 유쾌한 놀이거리입니다. 얼마 전에는 한둘 그를 의아하게 보는 사람이 있었습니다. 하지만 그의 한결같은 예의와 친절한 마음씨는 장래 그가 대단한 일을 하겠구나 하

---

18 밑줄은 리스가 친 것.

는 생각을 다들 가지게 하고 있습니다. 어떻게 그렇게 되었는지 참으로 믿기 어렵습니다.

조나단 리스(Jonathan Lees)

10. 티드만 박사에게 〈발문跋文〉

헨더슨 / 상해(上海) / 1865. 3. 7.

토마스 씨가 우리를 떠나서 황립해상세관(Imperial Maritime Customs 皇立海上稅關)에 취직한 것은 무어헤드 씨가 이미 알려드린 것으로 알고 있습니다.[19] 저는 그가 그런 일을 하는 것이 선교사역보다는 더 잘 어울릴 것이라고 생각합니다.

헨더슨

---

19 1864. 12. 8일자.

11. 런던선교회 동방위원회(Eastern Committee) 회의록 / NO.2

1865. 3. 14: 95쪽

해외선교부 총무의 보고: 로버트 제르메인 토마스 목사가 런던 선교회와의 관계를 끊고 사직하였다. 하지만 그가 지금까지 선교 회에서 받은 전 급료(給料)를 되돌리려고 수단을 강구하고 있다.

12. 티드만 박사에게

로버트 J. 토마스 / 지푸(芝罘) / 1865. 3. 15.

티드만 박사님

제가 지난번 올린 편지에 무어헤드 씨가 저에게 상해에 있는 어떤 학교에 교장으로 가보라고 여러 차례 요구하였다는 것을 말씀 드린 일이 있습니다. 그 학교에 대하여서는 영국 본국에서도 소문이 돌아서 관심 있는 사람들이 있는 모양입니다. 여기 별첨으로 보내드리는 〈홍콩 챠이나 메일〉 1865년 3월 1일자에 그런 기사가 나 있습니다. 거기에는 안그스 씨(Mr. Angus)가 어떤 스코틀랜드 신문에 낸 글에 대한 대답형식의 글이 들어 있습니다. 그 글은 한 평신도가 쓴 글이라고 들었습니다.

저는 며칠 전 스코틀랜드 에딘바라의 스완 목사(Rev. W. Swan)에게서 친절한 장문의 글을 하나 받았습니다. 거기에는 제가 북경에 있는 러시아 공관에 갔던 일을 자세히 써 보내 달라는 글이 있었습니다. 거기에는 또한 몽골에 선교사역을 시작하기 위해 하루 빨리 한 선교사를 파송할 필요가 있다는 그런 내용이 들어 있었습니다. 저는 그 편지에 곧 회답을 내고, 제가 지금 사직서를 낸 상태라고 하면서, 만일 런던선교회 이사회가 저보고 가라고 한다면 그 몽골 사역에 갈 의향이 있다고 전해주었습니다. 그리고 저로서는 몽골에 가는 것을 기피할 아무 이유가 없다

고도 전해드렸습니다. 제가 그 동안 익힌 북경지방어가 시간 허
비가 아니었기 하는 생각이 듭니다. 왜냐하면 관화체 공교말은
몽골에서도 통용되기 때문입니다.

　스완 씨는 물론 이 문제에 대하여 여러분에게 글을 올릴 것입
니다. 그때에는 여러분께서 정성으로 살펴주시기를 간곡히 부탁
드립니다.

　지난 달, 이 도시에 있는 선교사들의 정례모임에서 이곳 세관장
에게 임용 받은 중국인에 대하여 자신 있게 추천의 말을 할 수 있어
서 하나님께 감사하고 있습니다. 그 중국 사람이 '장' 씨인데 그는
제가 매일 인도하고 있는 〈성서 클라스〉에 한동안 열심히 참석하고
있었습니다. 그는 세례 받고 싶어 합니다. 그는 시간이 있을 때마다
신약성서와 번스 씨(Mr. Burns) 책 *Ch'eng tau ch'i meng* 곧 『새벽에』
를 그렇게 즐겨 읽고 있습니다. 중국어 주일예배는 저와 무어헤드
씨가 돌아가면서 맡아 하고 있으며, 저는 영어예배를 역시 책임지
고 있습니다. 여러분께서 보시는 대로 저는 지금 일이 꽉 차 있습니
다. 저는 선교사역을 하루가 다르게 점점 더 사랑하고 있습니다. 제
가 어떤 스테이션에 있든지 제 마음은 선교사역에 돌이킬 수 없을
정도로 집착되어 있습니다.

　지난번 편지에서 조셉 에드킨스 씨는 제게 아주 친절한 편지를

보내면서 이런 말씀을 해주셨습니다. 곧 당신의 케이스는 북경(北京)과 천진(天津)에서 깊은 동정을 사고 있습니다. 나는 이 사회에서 지체 없이 당신을 되받아 주리라고 확신하고 있습니다. 나는 당신이 나의 동료로서 다시 임명만 된다면 정말 성심으로 환영할 것입니다.

지난 가을 천진을 지나갈 때에 리스(Lees)는 제가 처음 그렇게 정하고 가던 길을, 그렇게 급하게, 바꾼 것을 굉장히 섭섭하게 생각한다고 몇 번을 거듭 말하고 있었습니다. 하지만 저는 지난 날의 일을 다시 긁어내지는 않을 것입니다. 제가 사직서를 내고 또 무어헤드 씨가 여러분에게 대단한 글을 쓰고 난 다음에, 그는 한 번 이상 저를 그의 서재에 불러서 "선교사역 일반에 관해서 아주 정에 넘치는 담론의 시간"을 가지곤 했습니다. 이런 것을 보시면 제가 어떤 감정을 가지고 그를 떠났던가 하는 것을 아실 수 있을 것입니다. 제가 떠나고 나서 그는 제게 대하여 몹시 모질게 말하더라는 소식을 들었습니다. 그런 말을 저는 상해에서 온 낯선 사람에게 들었습니다. 그 사람은 무어헤드 씨와도 처음 만났는데, 그가 놀란 것은 그런 자기에게 제가 쓴 편지를 읽어주면서 제가 인사도 하지 않고 떠났다고 하더라는 것입니다. 이 모든 일들은 저에게 하나도 상처가 되지 않습니다. 스스로가 상처를 받은 것은 무어헤드 씨 자신입니다.

존경하는 티드만 박사님, 박사님은 언제나 저의 친구임을 보여주셨습니다. 저에게 사사로운 개인 편지를 주셔서, 제가 당하고 있는 사건 전체에 대해 어떻게 생각하시는지 의견을 말씀을 해 주시기 바랍니다.

경구(敬具)

로버트 제르메인 토마스 올림

* 저는 무어헤드 씨에 대한 다른 여러 비난거리를 말할 수 있습니다. 그중의 하나가 그에게는 런던선교회에 대한 존경심이 없다는 것입니다.

13. 토마스 씨에게

윌리엄 무어헤드 / 상해(上海) / 1865. 4. 27

친애하는 토마스 씨

오늘 존 씨의 편지와 지난 밤 록카드 박사(Dr. Lockhart)의 편지를 보고 당신이 이 곳 형제들과 본국 선교회 본부에 보낸 편지들의 논조와 정신을 알게 되었습니다. 나는 다만 당신에게 다정한 마음만을 가지고 있고 또 반대되는 글쓰기를 원치 않기 때문에, 다른 편지들에 대하여 혹 당신의 생각과 다른 글을 쓰게 된다고 할지라도, 나는 기독교적 입장에 이 글을 쓰고 있다는 것을 장담합니다. 당신은 어떤 글을 쓰더라도 자기방어식의 글만 썼더군요. 그런 것은 물론 나의 명예를 실축시키는 일을 하는 것입니다. 그런 것은 물론 내가 바라고 기도하는 그런 모습과는 거리가 먼 것입니다. 앞으로 내가 여러 사람들과 교제하는 중에 이런 것들은 다 수정되고 개선되기를 바랄 뿐입니다.

어쨌든 당신이 내게 대하여 한 부정적인 말들은 내 잘못으로 받아드릴 수 없는 것들이 많습니다. 당신이 사직서를 내는 날 아침 나를 보고 독재적이라고 비난하였지요. 그리고 내가 다음과 같은 말을 한 것이 기억날 것입니다. 곧 "이런 경우가 어디 있습니까. 사실 나는 어떤 경우에도 결백한 사람이기를 바라고 기도하는 사람입니다. 그리고 당신과의 관계에서도 혹 당신에게 피해가 될 그런 태도와 마음 가지기를 피하려고 노력하는 사람입니다." 그런데 당신은 아무 회답도 하지 않았습니다. 내가 당신에게 요구하였던 것은 당신이 이 스테이션에 파견되어서 맡아 하게 된 일에 관심을 가지고 일해 달라는 것이었습니다. 상해에 파견되어 일하는 이상 거기 당신이 충성해주기를 바라는 것은 당연한 일입니다. 하지만 당신의 한결같은 대답은 "아닙니다. 나는 여기서 떠나기를 바랍니다. 만일 당신이 여기를 떠나 분국에 간다고 하더라도 나는 여기 머물지 않을 것입니다." 이런 것이었습니다. 이것이 당신의 의도요 여기 올 때부터 가졌던 생각이었습니다. 이런 것들이 내게는 아주 편안치가 않았습니다. 당신이 본국 선교회에 낸 내게 대한 비난은 내가 독재자란 것이 그 핵심이었습니다. 하지만 나는 온유하고 겸손한 마음을 가진 사람으로, 그런 주장에 단호히 반대합니다. 나는 당신에게 한 번도 명령조로 권세를 부리며 이야기한 적이 없습니다. 당신은 수차례 한구와 북경에 가는데 내 재가(裁可)를 얻고서야 가고 싶다고 하였습니다. 그때 내 대답은 한결 같았습니다. 곧 "토마스! 이런 것은 내가 허락하고 말고 할 것이 아닙니다. 나는 당신의 길을 막을 아무 권한이 없습니다. 내가 바라는 것은 당신이 여기 파견되었으니 여기 충실하면 좋겠다는 것뿐이었습니다. 왜냐하면 만약 당신이 그런 곳에 가면 그것은 당신과 상해와의 관계를 더욱 소원(疏遠)하게 만들기 때문입니다."

그때 당신은 아주 담담하게 그렇게는 하지 않겠다고 약속하였습니다. 만일 내가 당신한테 거기 가라고 하였더라도 돌아올 때에는 변화된 마음으로 돌아와서 당신의 일자리에 정착할 것을 바랐기 때문입니다. 그런데 그렇게 약속하고서는 결과는 내가 말한 것처럼 된 것입니다. 내가 슬프게 생각하는 것은 당신이 여기서 그렇게 떠나고 싶어 했다는 것입니다. 그리고 그렇게 떠날 자유가 있다고 믿고 있었다는 점입니다. 당신이 와일리(Wylie)와 나에게 자주 말한 것은 다른 곳에 그렇게 가고 싶을 때에는 그것이 바로 당신이 딴 데에 가야 하는 증거라고 하였고, 선교회가 막는다고 할지라도 그런 것 무시하고 간다는 것이었습니다.

① 존의 편지와 거기 있는 나에 대한 몇 가지 고발에 대하여

당신의 사임에 대하여 헨더슨이 동의할 때 나는 재청하지 않고, 계속 왜 사임하려고 하느냐고 다그치고 있었습니다. 그때 헨더슨은 계속 내 말을 막으면서 지금은 그런 말할 때가 아니라고 면박하고 있었습니다. 토마스는 사임했으니, 그것으로 끝났다는 것이었습니다. 나는 그날 아침 지방위원회가 급료에 대해서는 몰라도 인사(人事)에 대하여서는 아무 권한이 없다고 말하였는데 그 얼마 후에 당신은 사임하였던 것입니다. 그때 나는 헨더슨과 당신에게 솔직하게 우리가 할 일은 아무것도 없고 다만 본국 이사회에 통지하는 것 밖에 없다고 말하였던 것입니다. 그런데 아직 아무 소식이 없습니다. 당신 역시 이런 상황을 잘 알고 있습니다. 당신은 사임해서 잘되었다고 생각하실 것입니다. 책임은 당

신에게 있는 것입니다. 그것이 내 독재성과 무슨 관계가 있습니까.

② 존이 당신을 한구(漢口)에 받아 주지 않은 이유에 대하여 우리가 그의 편지를 읽을 때에 당신은 "잘 되었다, 잘 표현되어 있다"라고 말했습니다. "그러나 거기 포함된 몇 가지 사실에 대하여는 단호히 반대한다. 나는 이제 사직하였으니 그것으로 되었다. 나는 더 이상 관계할 바가 아니다"라고 했습니다. 그리고 존 씨가 가고 나서 곧 사직서를 제출하였습니다. 내가 알기에는 당신도 그런 상황을 예기치 못한 것 같습니다. 아니 당신은 존 씨가 내 쪽지를 받아주기를 초조하게 기다린 것 같습니다. 그런데 접수하니 그것이 당신에게 견디기 힘든 실망과 고통을 안겨 준 것 같습니다.

③ 존 씨의 편지를 받고 곧 당신 방에 갔더니 손님이 와 계시더군요. 잠시 후에 당신은 내 서재에 찾아왔고 내가 묻는 말에 대답을 하였습니다. "토마스 씨 이제 무엇을 하겠소?" 물었더니 대답이 하루의 반은 상해 지방어 공부와 일을 하겠다는 것이었습니다. 그러면 당분간은 그렇게 하는 것이 좋다고 했고, 지금으로서는 만다린 말이 그렇게 급하게 필요하지 않다고 했습니다. 한데 당신은 이런 약속들을 전에 여러 번 해왔기 때문에 이런 약속이 어떻게 이루어질는지 보기로 하였던 것입니다. 나는 당신이 영어 공부를 좀 더 해 주기를 바라고 있었습니다. 여기 와 있는 선교사

들이 대개 다 그렇게 하고 있기 때문입니다. 나 역시 메더스트
(Medhurst)집에 살 때부터 이런 일에 끌려 다녔습니다. 한데 당
신은 그 자리에서 거절하였습니다. 그때 나는 분명하게 말하였습
니다. 그렇게 거절한다면 나로서도 어쩔 수 없다고. 당신은 모든
선교사들이 이런 일을 해왔다면 모든 선교사들에게도 반대할 것
이라고 말하였습니다. 그때 당신은 존의 충고를 간청하고 있었습
니다. 하지만 나는 그런 것 때문에 당신의 급료를 주지 않겠다고
협박한 일은 없다고 단언합니다. 언제 어디서나 지방위원회가 할
수 있는 일은, 선교사가 맡은 일은 하지 않고 자의로 행동할 때에
는 보급품들을 주지 않고 본국에서 어떤 지시든 올 때까지 기다
려야 한다는 것이 제 입장입니다. 하지만 당신의 경우는 어떤 형
태로든, 협박으로든 그런 조치를 취하지 않는다는 것이 제 입장
입니다.

나는 당신 같은 사람 때문에 화가 치밀고 골치가 아픕니다. 당
신은 하나님이 부르셔서 그렇게 높여주시고 이 선교 지역에 보내
셔서 그분의 일만 하게 하셨는데도 불구하고 이렇게 나오는 것은
이해할 수 없습니다. 만일에 어떤 형태로든 내가 좀 억센 용어를
썼다 할지라도 그것은 다 위에서 말한 것과 같은 일 때문에 그랬
던 것입니다. 훗날 언젠가에는 그 전모가 밝혀지리라고 봅니다.
나는 당신에게 상처를 줄 생각으로 무슨 말을 하게 될까 해서 꾹
참고 있습니다. 우리들에게 문제가 되기 시작한 것은 저 불행한
소주(蘇州) 여행 때문입니다. 나는 여행을 떠나기 전에 그 다음

두 번째 여행에 대하여 말한 일이 있습니다. 그때 우리가 주고받은 이야기를 기억할 것입니다. 그때 어떤 스텝을 밟는 것이 타당한 것이었는지에 대하여 누구의 판단이 옳았는지 지금 잘 알고 있을 것입니다. 그때 당신은 등을 내게 돌리고 결심한 듯이 내가 가서는 안 된다고 말리는 데도 가겠다고 하였고, 그래서 나는 당신이 여행에서 돌아왔을 때에 그런 대답을 하는 자세에 대하여 전보다는 강한 어조로 따졌던 일이 있습니다.

하지만 이런 일들은 이제 나에게는 다 지나간 일들입니다. 돈에 대한 문제도 사실 여기에서 시작되었습니다. 나는 당신의 돈의 문제에 대해서는 아무 할 말이 없습니다. 지난번 돈을 지급할 때에 당신이 직접 회계(會計) 담당자에게 갔었습니다. 당신도 알다시피 나는 회계 관계에는 아무 권한이 없습니다. 어떤 문제가 설혹 있다고 할지라도 그것은 당신이 사직하고 난 다음의 일입니다. 그전에는 급료를 다 받았습니다. 사직하기 직전에 당신은 헨더슨 박사 면전에서 무어헤드가 원하는 선교사역을 하지 않으니 급료를 주지 말라고 했느냐고 따졌습니다. 기억하시겠지만 우리 둘 중 어느 누구도 그런 말을 한 일이 없다고 대답했습니다. 그때 나는 내가 사는 집을 확장하는데 대한 티드만 박사의 회신(回信)을 보여 주었습니다. 거기에는 이런 말이 있었습니다. 곧 "위원회의 멤버들이 돈을 방만하게 막 쓰는 것을 통제하지 못한다면 위원회가 무슨 소용이 있겠습니까."

④ 당신이 우리 집을 떠날 때 굉장히 부끄러웠다는 데에 대하여

무슨 말씀인가요. 당신이 우리 집을 떠날 때 당신은 대단히 침착했습니다. 당신은 그날 저녁 위원회를 모이자고 제안하였습니다. 그런데 모이자마자 당신은 사직서 이야기를 꺼내서 정말 놀랐습니다. 당신은 누가 그렇게 하라고 말해 주었다고 하였습니다. 이 모두가 당신이 그날 아침 가졌던 태도나 결의와는 정반대되는 행동이었습니다. 당신이 하트 씨(Mr. Hart)를 찾아간 것이 미리 아무 생각도 하지 않고 준비도 없이 충동적으로 갔다는 말입니까. 그때 당신은 위원회가 사령탑이 없어서 일을 감독하고 통솔하지 못하고 있다고 불평하였습니다. 그러면서 이제 당신은 하트 씨 밑에 있으니 그가 하라는 대로 하여야 한다고 하면서 우리 선교회에는 당신(무어헤드) 위에는 상급자가 없어서 통솔을 못하니 이것이 우리 선교회의 문제라고 불평하였습니다. 그런데 여기는 통솔자가 없다고 하면서 한 동료 선교사가 선교사역에 충실하자고 말한 것이 그렇게 수치심을 주었다니 무슨 뜻입니까. 이런 문제의 해답은 곧 당신이 일하는 것이 목적이 아니라 여행하는 것이 목적이라는 말 속에 다 들어가 있다고 봅니다. 내가 독재자란 것과는 무관한 것입니다.

⑤ 집의 문제
나는 참으로 기겁을 했습니다. 무슨 말을 그렇게 합니까. 집의

사정을 다 잘 알고 있지 않습니까. 당신이 소주(蘇州)에 간 사이에 어느 날 저녁 우드 소령(Major Wood)이 그의 가족들과 함께 와서 묵을 방이 어디 있느냐고 물어왔습니다. 다 당신의 이름으로 그렇게 하였습니다. 전에 그런 일이 없었던지라, 나는 아무 말도 하지 아니하였습니다. 나는 당신이 쓰던 방을 보여 주었습니다. 하지만 나는 그에게 당신이 없는 동안은 이 집 관리는 내가한다고 분명히 말하여 주었습니다. 어쨌든 당신이 어디 가면서 내 감정은 전혀 생각하지 아니하고 방을 다른 사람에게 쓰라고 빌려주는 것은 이상한 일이라고 생각하였습니다. 물론 우드 소령은 당신 방을 그렇게 사용할 수 있습니다. 집안에서 쓸 물건들은 물론 내 아내가 가져다주지 아니하였습니다. 그날 저녁 우리가 차(茶)를 대접하였습니다. 하지만 워낙 갑자기 그분들이 온지라 준비가 전혀 되어 있지 않았습니다. 그래서 그들은 빨리 물러가는 것이 좋겠다고 생각한 것 같습니다. 그 다음에 나는 당신이 집을 비우는 동안 방문객이나 낯선 사람에게 집을 빌려주는 것은 허락할 수 없다고 말했습니다.

당신 부인이 여기 살고 있는 동안 나는 모든 것이 만족할 만한 상태에 놓여 있도록 힘닿는 데까지 최선을 다했습니다. 그리고 요구하는 것들은 다 들어주었습니다. 당신 부인은 만족했습니다. 부인이 세상을 떠난 다음에 당신은 스스로 내 아내에게 방 몇 개를 내놓으면서 이제 더 이상 필요가 없다고 했습니다. 그만 했으면 된다고 하면서 초기 메더스트(Medhurst)나 록카드(Lockhart)

집에 살 때보다는 훨씬 넉넉하다는 말까지 하였습니다. 선교회에 오랜 관계를 가지고 있는 사람들이 여기 저기 선교지역을 다닐 때에 와서 묵으라고 우리 집에는 방 하나를 〈게스트-룸〉으로 내놓고 있는 실정이었습니다. 그것이 당신의 평안과 위로에 방해가 되지는 않았습니다. 그때 당신의 주거 상태는 욕실(浴室)을 갖춘 두 커다란 안방과 창고 하나, 거기에 일하는 사람의 방도 하나 있었습니다. 그런데 참 이해할 수 없었던 것은 방이 더 필요하다는 것이었습니다. 당신이 이런 형태의 주거 조정이 불만족스럽다고 말을 할 때, 나는 이렇게 말했습니다. "토마스, 지금 주거 조정은 이미 다 끝난 상태입니다. 당신의 행보나 여행 그리고 독신이란 점을 생각하면 현재로서는 현재 구조를 바꾸고 다시 나눌 생각이 없습니다. 만일 그런 것이 불만이어서 나가고 싶다면 어디 가던 선교회의 기금으로 필요한 액수의 돈을 지급해 주겠습니다. 이런 일은 선교회가 어려움 없이 할 수 있습니다. 가고 싶은 데에 가도 됩니다. 전세 값도 물어 주겠습니다." 이런 것이었는데 당신은 그러겠다고 말하고 문제는 끝난 셈이었습니다.

그런데 왜 이렇게 문제가 오래 가고 힘들게 하는 것입니까. 토마스! 나는 당신이 다 잘 되기를 정말 애정을 가지고 바라고 있습니다. 당신은 스스로를 괴롭히면서 나까지 괴롭히고 있습니다. 세관(稅關)에 간 것은 잘못된 행보입니다. 거기에 대해서는 변명할 여지가 없습니다. 한때 거기서 나올 것이라는 말이 있었는데 아주 잘 하는 것입니다. 하나님께서 그 섭리와 은총 가운데서 다시을 높이 들어 쓰시고자 합니다. 그리고 당신의 그 많은 능력을 우선적인 고귀한 목적을 위해 쓰도록 전념한다면 그것은 참좋은 일입니다. 그것은 당신이 첫사랑에 돌아왔다는 것이므로 난한 없이 기쁩니다. 그리고 장래에도 주님의 사역에 초지일관한다면, 나는 당신의 친구들 중에서 참된 우정을 누리는 첫째 사람으로 자처할 것입니다.

내가 당신의 도움이 된다면 정말 좋겠습니다. 나는 이런 나의 진심을 담아 글을 썼습니다. 빈정거리거나 변명을 위해서가 아니었습니다. 내가 말한 단 한 가지 핵심은 당신에게는 선교사로서의 정신이 없다는 것입니다. 이런 면에서 당신에게 대한 나의 평가가 잘못 될 수 있습니다. 그런 경우라면 용서해 주기 바랍니다. 모든 일들이 다 잘 풀렸으면 합니다. 그리고 우리가 죽은 다음에도 하나님에게 유용한 존재가 되기를 바랍니다. 어디 가든 무엇을 하든 하나님이 함께 하시기를 기도합니다.

경구(敬具)

윌리엄 무어헤드

참 이 모든 일들을 과거 현재의 일을 다 묶어서 볼 때 그게 얼마나 하찮은 일이었나 생각하니 참담한 마음까지 듭니다. 우리 두 형제간에 하나님의 일을 하면서 절친한 친구가 되어야 하고 또 될 수도 있었는데 사소한 차이로 이렇게 되다니 가슴이 아픕니다.

추기(追記):

우리 두 사람이 선교사로서 살아오면서, 새로 믿는 사람들이나 원입교인(願入敎人)들에게 비쳐지는 면에서 보았을 때, 거기서 생기는 비통한 감정에 이런 것이 있다고 보았습니다. 곧 당신은 내가 그들에게 까닭 없이 엄격하였다고 하였습니다. 그때 나는 돈 문제가 선교사역에 끼어드는 것이 가장 통탄할 문제라고 보았습니다. 나는 중국 형제들을 엄하게 대한 일이 없습니다. 나는 그들과 함께 사는 것이 뜻있는 일이라고 생각하고 있습니다. 그런 의미에서 이 근사한 주택은 나에게는 눈에 거슬렸습니다. 하지만 나는 선교회의 돈을 맡고 있었고, 일하는 사람들에게는 돈을 주어야 하는 입장에 있었습니다. 한데 그들 대개가 문젯거리였습니다. 나는 그들의 일상 행동 습관과 사는 모습에 따라 양심껏 돈을 지급하였습니다. 그런데 그렇게 해도 불만들이 많았습니다. 메드스트 박사(Dr. Medhurst)는 상당히 인색합니다. 티드만 박사는 다이어 씨(Mr. Dyer)가 다 잘하는데 한 가지 잘못은 중국인에게 달라는 대로 다 준다고 말씀하신 적이 있습니다. 딴 사람이 돈 관리를 맡아 주었으면 좋겠습니다. 이렇게 되면 다른 사람들과의 관계가 훨씬 좋아질 것입니다. 그렇게 되면 다른 사람들의 경건과 신뢰를 높이는 데에 커다란 도움이 될 것입니다. 이런 절들에 대하여 몇 마디 해 준다면 나에게는 큰 도움이 되겠습니다. 져드손 박사(Dr. Judson)가 말한 것처럼 돈은 개종자들에게는 독(毒)입니다. 아시다시피 지금 선교회는 자급(自給)정책을 쓰고 있습니다. 이것이 저를 어려운 문제에서 건져내주는 방편이 되고 있습니다. 그런데도 난처한 문제들이 계속 닥쳐옵니다. 다정하게 하려고 해도 날카롭게 하여야 할 때가 있습니다. 그래도 가끔 그들은 내가 잘해 주고 자비롭게 해주었다고 야단들입니다.

선교사역이 이 도시나 변두리 시골에서 번성하고 있어서 기쁩니다. 현재 교인들도 많지만 구도자들이 몰려오고 있습니다. 나는 닝포(寧波)의 장로교회를 맡다가 여기 와서 세운 인스리 씨(Mr. Inslee)의 교회를 맡아 지금 일하고 있습니다. 그는 지금 승갱(SungKeang)[20]에서 하나님의 영광과 우리 주님의 복음을 위해 자기 계획대로 무엇이든지 원하는 대로 할 수 있는, 그런 상황에서 일하고 있습니다. 나도 나더러 와서 같이 일하자고 하는 사람들과 같이 일하고 싶은데, 그러면서도 그들은 자기들 선교회의 일을 하고 있습니다. 선교회 본부에서 선교사 세 명, 웨일즈인 두 사람과 스코틀랜드인 한 사람을 파송한다 하니 반갑습니다. 윌리

---

20 지명 불확실.

엄슨(Williamson) 동생과 맥고완(Macgowan) 그리고 터너
(Turner)가 함께 돌아온다니 너무 좋습니다. 나는 당신이 이 편
지를 윌리엄슨에게 꼭 읽어주기를 바랍니다. 그렇게 해야 당신이
에드킨스 씨나 존 씨에게 쓴 편지 중에 수정할 것은 수정할 것이
아닙니까.

그러나 이제 토마스! 내 할 일은 다 했습니다. 이제 다만 당신에
게서 마음 다시 잡고 선교사역에 헌신한다는 소식만 듣고 싶습니다.

14. 토마스에게

그리피스 존 / 한구(漢口) / 1865. 5. 5.

친애하는 토마스

지난번 보내준 세 편의 편지를 다 잘 받았소. 당신이 사직서를 내게 된 이유와 그때 정황에 대하여 자세하게 글을 써 보내주어서 감사한 마음 그지없소. 그러면서도 그때 그런 절차를 밟을 때 왜 좀 일찍이 나에게 글을 써서 보내지 아니하였나 하고 아쉬워하고 있소. 내가 당신의 편지를 받고 느낀 것은 무어헤드 씨가[21] 말한 것과는 많이 다르다는 것이요. 그래서 나는 그에게 내가 그렇게 느낀다고 말하면서, 당신 편지에서 몇 군데를 발췌해서 보내야겠다고 생각하고 있는 중이요. 당신이 나에게 쓴 편지 내용은 아주 중요한 모든 면에서 그와는 전혀 다르기 때문이요. 그는 왜 당신이 그런 입장을 취하게 되었는지를 알아야 할 것이요. 이것이 내가 그에게 당신 편지에서 얼마를 발췌해서 보내야 되겠다고 생각하는 근거요. 물론 내 생각이나 코멘트는 전혀 하지 않고 그렇게 할 것이요. 이런 것이 당신 편지를 받고 무어헤드 씨에게 보낸 편지의 대강 내용이요. 내가 예상했던 대로 무어헤드 씨가 자기변명을 늘어놓는 편지를 당신에게 장황하게 썼더군요. (존 씨가 그의 편지를 복사해서 나에게 보내주었소.) 그것을 보니 그

---

21 Mr. M이라고 적은 것.

문제에 대하여 그가 전에 나에게 썼던 글과 내용이 꼭 같았소. 지금쯤에는 아마 당신도 그의 편지를 가지고 있을 것이고, 당신도 그가 세상을 보는 관점이 어떤 것인지 알고 있을 것이요.

내 생각에는 헨더슨의 편지가 지금 문제가 되고 있는 사태에는 결정적인 해답을 준다고 생각하오. 선교회 지방위원회가 당신의 사직서를 받을 권한이 없소. 그런데 내가 가지고 있는 편지에 보면 당신의 사직서는 이미 접수되었군요. 무어헤드 씨는 거기 가 있어야 했고, 당신의 사직서 접수를 막았어야 했소. 나는 그렇게 했을 것이요. 전체 과정과 진행이 완전히 정도를 벗어나고 있소. 그러나 지방회에서 사건이 그렇게 처리되었으니, 당신은 이제 한 개인으로서 하고 싶은 대로 일을 할 수 밖에 없게 되었군요.

나의 친애하는 토마스 씨, 이렇게 일들이 진행되어서 정말 미안한 마음 그지없소. 나는 앞으로 내내, 끊임없이, 이번 일을 유감으로 생각하고 있을 것이요. 당신이 선교회를 떠나지만 않았더라면! 당신이 한 말과 무어헤드 씨가 한 말을 함께 앞에 놓고 (심판자로서가 아니라 친구로서) 다른 가능한 모든 경우를 다 생각하더라도 이번 불행한 결정을 단죄하지 않을 수 없소. 나는 당신이 와 있어야할 그 자리에서 다시 당신 보기를 간절히 바라고 있소. 아직도 당신이 어디 가든 선교사로 남아 있겠다는 말을 듣고는 내가 얼마나 좋아했는지 아오? 중국인 사이든지 외국인 사이이든지 어디에서 함께 살든지, 하나님의 영광을 위해서 사는, 그런 존재로 살겠다는 다짐에 얼마나 마음 든든한지 모르오. 어디

가나 목사로서의 사역을 위해 헌신하는 것이 자신의 확고한 다짐
이라 하니 반갑고 고맙소, 앞으로 계속 편지 주겠다니 고맙소. 편
지 받을 때마다 내 꼭 회신을 내리이다. 당신을 위해서면 무엇이
든지 할 것이라고 하는 말을 여기 다시 되풀이할 필요가 없지요.
(이런 말 하는 것 용서하시오.)

곧 소식 전해주시기 바라오

하나님의 축복을

그리피스 존(Griffith John)22

---

22 Griffith John(楊格非 양계페이, 1831.12.14.–1912.7.25.) 웨일스 출신 중국
선교사, 런던선교회의 개척 선교사, 1831, 남웨일즈의 스완지 출신. 1840, 14
세 때에 기도회에서 처음으로 설교, 16세에 정규 설교자가 되어 〈소년 설교가〉
로 알려진다. Brecon Congregational Memorial College, Bedford
Academy 졸업. 1853 런던선교회 지원. 1855, 25세에 스완지의 에베네저에서
목사 안수. 1855. 9월 런던선교회 선교사로 상해(上海) 도착. 후베이(湖北) 후
난(湖南)에서 55년간 선교 활동. 한구(漢口)에 학교, 병원, 전문학교 건립.
1861 이후 중부 중국에서 선교 활동, 후베이 후난에 100여의 학교 설립.
1861.7월에 한구(漢口)에 정착. 1912 중국을 떠날 때까지 거기 살았다. 1890,
〈반아편(反亞片)운동진흥회(Permanent Committee for the Promotion of
Anti-Opium Societies) 창설. 1885 신약성서(Wen-li 글로) 발간, 1889, 만
다린 중국어 신약성서 간행. 구약성서도 번역 착수. 1889 영국과 웨일즈 회중교
회 연합회 의장으로 선출되었으나 사양하고 계속 중국에 머묾. 1899 에딘바라
대학교에서 D.D. 학위. 1905 한구(漢口)에서 그의 선교 희년 기념식. 1912. 9월
귀국. 그해 7월 25일 81세로 서거. 이 편지를 쓸 때에는 그리피스 존이 35세, 상해
에 있었고, 토마스는 25세. Wen-li는 문리(文理)라는 것으로 중국 주재 외국선
교사들이 한문을 그들 편리하게 만들어 쓴 것.

15. 부모에게

로버트 J. 토마스 / 지푸(芝罘) / 1865. 5. 8.

경애하는 부모님

유감스럽게도 제가 붙인 T.100 곧 £33에 해당하는 돈은 이 편지가 가고 나서도 한참 후에나 거기 도착할 것 같습니다. 여기서 돈을 영국에 부친다는 것이 그렇게 힘이 듭니다. 사실은 두 달 전부터 보낼 생각을 하고 있었습니다. 곧 틀림없이 받으시기를 바랍니다. 파테노스트로(路)에 있는 트리브너 회사(Messrs. Tribner & Co.)가 제가 산 서적의 계산서를 아버님께 보낼 것입니다. 전에 그렇게 말씀드린 것 기억하시리라 믿습니다. 계산서가 오면 잘 처리해 주시기 바랍니다.

참! 아버님의 편지를 받은 것이 아주 먼 옛날 같습니다. 무슨 일일까 궁금하기 짝이 없습니다. 윌리엄 소식도 아직 감감하구요. 베씨(Bessie)는 아직 여기 도착하지 않았습니다. 저는 윌리엄에게 상해에서 기다린다고 여러 차례 편지를 보냈습니다. 사실상 중국에는 윌리엄이 일할 만한 데가 없습니다. 아버님께서는 여기 중국 실업계(實業界)에 퍼져 있는 공황이 어떤 것인지 아실 리가 없으십니다. 최근에 거대 재벌인 린제이 회사(Messrs. Lindsay & Co.)나 프레처 회사(Messrs. Fletcher & Co.)가 망했고, 그런 불운이 여기 유명하고 돈 많던 한 다른 회사들 여럿에게도 들이닥치고 있습니다.

다른 모든 회사들이 구조조정으로 인원을 감축하고 있습니다. 상해에서 바로 여기 온 톰손 목사(Rev. Mr. Thompson)는 그렇게 유능하고 경험 많은 청년 실업인(實業人)들이 상해(上海) 저가(低價) 호텔에 몰려다니면서 당구로 하구한 날들을 허송하고 있는 것을 보니 가슴이 아프다는 말을 하고 있었습니다.

이런 현실은 사실 너무나 슬픈 일입니다. 불쌍한 랑(Lang)은 윌리엄이 잠시 같이 있던 친구인데 지금은 간(肝)이 상해서 아무 일도 못하고 있습니다.

지금 현재로서는 달리 다른 소식이 없습니다. 저는 지금 병석에 누워있습니다. 지난밤에는 저를 왕진(往診)하는 의사가 처방하여준 약간의 아편이 든 약을 복용하였습니다. 그래서 그런지 오늘은 훨씬 좋아졌습니다. 저는 상해에서 죽는 줄 알았습니다.

날씨는 요새 놀랄 정도로 따뜻해지고 있습니다. 저는 조용히 중국 교회 일을 정기적으로 맡아 섬기고 있으며, 그러는 사이에 이 일에 점점 더욱 커다란 기쁨과 보람을 느끼고 있습니다. 최근에 저는 여기 선교사들이 함께 모이는 월례 기도회에 나갔었습니다. 아무도 아무 일이 없었던 듯 말이 없었습니다.

북경으로부터 온 소식인데 에드킨스가 몽골에 가려고 길을 떠났다고 합니다. 어제 저녁 제가 돌보고 있는 영국 교회에는 수많은 사람이 참석하였습니다. 저는 혼자서 설교도 하고 풍금(風琴)도 탔습니다. 그래서 그런지 끝나고 나서는 좀 피곤하였습니다.

지금은 이 정도로 글을 맺겠습니다. 몸이 좋아지고 나서 다시 글을 올리겠습니다. 한데 이 편지에다가 계속 쓸는지도 모릅니다.

모두에게 사랑으로
부모님의 사랑하는 아들
R. 제르메인 토마스 올림

스코틀랜드국립성서공회 소장

16. 티드만 박사에게

로버트 J. 토마스 / 지푸(芝罘) / 1865. 5. 15.

경애하는 티드만 박사님

저는 이 편지를 쓰는 것이 옳은 일을 하는 것이라고 생각합니다. 저는 제가 지난번에 올린 글에서 제게 관하여 아주 양심적으로 그리고 정확무오하게 썼다고 가장 엄숙하게 선언하는 바입니다. 물론 진실한 것만 쓰노라 애썼습니다. 그러면서도 혹 과장해서 쓴 글은 없는지, 원한을 품고 쓴 글은 없는지, 시종 조심하며 썼습니다. 무어헤드 씨는 물론 자기의 입장에서 썼고 저는 저의 관점에서 썼습니다. 여기 동봉한 편지는 그가 제게 쓴 것인데 거기 대하여 저는 친절을 다해서 회신을 보냈습니다. 저는 여기서 우리 두 사람이 지금까지 그러했던 것처럼 문자 그대로 서로 화해하였습니다. 그렇게 되어서 아주 좋습니다.

여기 다시 반복해서 말할 필요가 없습니다만 저는 무어헤드 씨를 사랑하고 가장 높이 존경하고 있습니다. 하지만 이사님들께서 저에게 상해로 다시 돌아가라고 몰아내지는 않으리라 믿습니다. 여기 현지에 선교사 네 분이 새로이 임명되었다는 소식을 듣고 기뻤습니다. 이 편지가 런던에 도착하기 전에 아마 에딘바라의 스완 씨로부터 편지를 받으실 것입니다. 그 편지를 받으시고는 저와 선교에 대하여 여러 말은 하였지만, 제가 중국 선교보다 더 좋아하는 곳이 없다는 생각을 한다는 것, 그 점을 꼭 확인해 주시기 바랍니다. 그곳에 한 사람이 보내어지겠지만, 저는 런던선교회 이사회의 결정에 매어 있음을 잘 알고 있습니다. 북경 북쪽의 몽골 선교는 두 선교 곧 북경과 몽골 선교가 합친 격이어서 적격이라고 봅니다.

저는 이사회가 제 거취에 대하여 어떤 결정을 내릴 것인지 초조한 마음으로 기다리고 있습니다. 어쨌든 저는 현 직책을 떠나기로 작정하였습니다. 그리고 섭리를 믿고 제 자신을 영광스러운 일에 온 마음과 정성을 다 바치기로 결심하였습니다.

경구(敬具)

로버트 제르메인 토마스 올림

별첨(別添):

친애하는 토마스 씨

나는 당신이 런던선교회 지방위원회(상해)에 사직서를 낸 사실과 내가 그 사직서를 곧 수락하여야 한다고 말한 사실을 둘 다 기억하고 있습니다. 무어헤드 씨가 공식적으로 나의 주장에 동조했는지는 정확히 말할 수 없습니다. 하지만 그는 대개 다른 문제를 다룰 때에도 나와 같은 생각을 하기 때문에 이번에도 나에게 동조했으리라고 믿고 있습니다. 다시 말하면 그는 가부(可否)를

말하지 아니하고 그 당시에 처리된 문제에 대하여 만족하고 있다
고 하는, 그런 인상을 주고 있습니다.

내 아내도 함께 문안드리오.

J. 헨더슨

17. 티드만 박사에게

로버트 J. 토마스 / 지푸(芝罘) / 1865. 7. 28.

친애하는 티드만 박사님

윌리엄슨 씨(Mr. Williamson)[23]를 통해 저에게 문안하신 데 대하여 깊은 감사를 드립니다. 저는 박사님의 회신을 초조하게 기다리고 있었습니다. 물론 저는 지난 4월과 5월 사이에 박사님 그 어깨에 지어진 책임이 얼마나 무거운 것인가 하는 것을 잘 알고 있습니다.

여기에 세관에 낸 저의 공식 사직서 사본을 하나 동봉합니다. 3주일 전에 저는 세관의 해관총세무사(海關總稅務司) 하트 씨 (Mr. Hart)에게 세관 자리를 떠나겠다는 사신(私信) 하나를 올렸습니다. 좋게 보시든 나쁘게 보시든 소식 주시기를 기다리고 있습니다. 저는 사직서를 아주 때를 맞추어 냈습니다. 왜냐하면 상해에는 내가 하던 일을 곧 당장에 맡아서 할 사람이 기다리고 있기 때문입니다.

저는 선교사역을 떠난 잘못된 행동을 이제 진심으로 후회하고 있습니다. 다시 말씀드리지만 상해에서는 제 위치가 매우 <u>힘들었</u>

---

23 스코틀랜드국립성서공회(National Bile Society of Scotland)의 만주 파견원. 토마스 목사와 친근. *Journeys in North China, Manchuria and Eastern Mongolia, with some account of Corea*, London: Smith Elder & Co., 1870, 2 Vols, 1870. 저술.

습니다.[24] 무어헤드 씨와 저는 서로 용서하자는 말을 하고 헤어 졌습니다,

하나님께서 저의 생명을 아껴 주신다면 이제 혹독한 단련을 받 았으니, 그분의 은총으로 끝까지 몸을 바쳐서 그분만을 섬기고 사랑하기로 굳게 다짐합니다. 서둘러 편지를 끝맺겠습니다. 기 선(汽船)이 몇 시간 안에 출범하기 때문입니다.

친애하는 티드만 박사님께

로버트 제르메인 토마스 올림

동봉(同封):

루손(T. S. Luson) 국장님 귀하

지푸(芝罘) 해상세관

지푸(芝罘) 행상세관 사무국

1865. 7. 27.

세관 직에서의 사직서를 다음 8월 1일부로 여기 제출하오니 수락하여 주시기 바랍니다.

---

24 토마스 목사가 친 밑줄.

당신의 충실한 종(obedient Servant)[25]

로버트 제르메인 토마스 올림

---

25 영국에서는 정부관리(官吏)를 Servant 혹은 Public Servant로 표현한다.

18. 런던선교회 동방위원회(Eastern Committee) 회의록/ NO.2

1865. 8. 22: 97쪽

해외선교부 총무가 로버트 제르메인 토마스 목사로부터 1월
31일 편지를 받았다고 보고하다. 거기에 의하면 로버트 제르메
인 토마스 목사가 선교회에서 사직한 사실을 후회하고 있으며, 그
사직은 사실 무어헤드 씨(Mr. Muirhead)26와의 오해 때문이었
다고 말하였다고 하다. 또 조셉 에드킨스(Mr. Joseph Edkins)27,
알렉산더 윌리엄슨(Alexander Williamson), 그리피스 존(Griffith

---

26 중국 북경에서 같은 숙소에서 함께 지내던 선배 선교사.
27 1823-1905. 중국 북경 현지 런던선교회 총무. 중국명은 艾約瑟(애약슬). 영국선
 교사, 중국학자. 서양학문에 관한 책들을 한문으로 번역, 중국의 종교·문화·언어
 에 관한 다수의 저서 저술. 아버지는 회중파교회 목사. 1843 런던대학교 졸업.
 1847 목사 안수, London Missionary Society의 선교사로 1848 상해(上海)
 에 부임. LMS의 상해 墨海書館(묵해서관)에서 일. 王韜(왕도)나 수학자 이 선
 란(李善蘭)과 협력해서 서양의 과학기술에 관한 많은 서적을 중국어로 출판.
 소주(蘇州)에 가서 여러 학자들과 친숙하게 지냄. 1860 산동의 옌타이〈煙臺-
 芝罘〉에. 1861 천진(天津)에. 1863 북경(北京)에 가 서 거주. 북경조약에 의해
 서 중국 국내에 교회 건립이 인가되자 북경에서 선교활동 개시. 1872 미국인
 선 교사 William Martin(丁韙良)과 월간지「中西聞見錄(중서문견록)」창간.
 1880런던선교회 사직하고, 중국황립해상세관(Chinese Imperial Maritime
 Customs)의 통역관으로 취직. 서양과학서적들을 번역하는 일 종사. 그 결실이
 16권으로 된 1898년의 『西學啓蒙十六種』(서학계몽십륙종). 1905 상해에서
 서거.

John)²⁸ 그리고 조나단 리스(Jonathan Lees)²⁹에게서도 편지를 받았는데, 그들이 다 로버트 제르메인 토마스 목사의 사직을³⁰ 유감스럽게 생각하고 있다고 하면서 적극적으로 로버트 제르메인 토마스 목사가 다시 복직하여야 하며 선교회의 이사들은 그를 다시 받아주어서 중국에서의 귀중한 사역을 하도록 하여야 한다고 강력하게 주장하더라고 보고하다.

결의사항:

이사회에 추천하기로 하다. 곧 로버트 제르메인 토마스 목사의 사직은 취소하기로 하다. 그리고 다시 우리 선교회의 사역자로 인정하기로 하다.

---

28 중국에서 오래 선교한 원로 선교사.
29 역시 중국 주재 영국선교사.
30 런던선교회 사직.

19. 토마스에게

티드만 / 런던/ 1865. 8. 26.

친애하는 형제 로버트 제르메인 토마스 목사님

내게서 편지가 언제나 오려나 하고 노심초사 기다리는 당신의 심정을 알면서도 이렇게 편지가 늦어지게 된 것은 지난 며칠 사이에 당신이 선교회에 되돌아오고 싶어 하는 사정과, 당신이 비록 단기간이지만 세상 직장에 취직하였다가 그만 둔, 그런 실정을 이사회 이사님들에게 말할 적당한 기회를 찾지 못하고 있어서 그랬습니다. 이사님들은 당신이 전에 갑자기 상해 선교부를 떠난 사실에 대하여 비난도 하고 심히 유감스럽게 생각하면서도, 당신의 의지와 애착을 거역하면서까지 당신을 상해 스테이션에 묶어둘 생각이나 의향은 전혀 없었습니다. 이제 내가 간절히 바라는 것은 지금까지 일어난 사건들을 생각해 볼 때, 당신은 이제 기독교 선교사로서의 사역에 얼마나 기도를 많이 하고 신중하게 행동하여야 하는지, 또 불길 같은 목적을 품고 어떻게 전진하여야 하는지, 깊이 생각해야 한다고 봅니다.

현재로서는 이사들이 어느 선교사역에 당신이 연계되었으면 좋을까 생각하고 있는지 확실하지 않습니다. 뭔가 불가피하게 일이 지연된다면 아마 당신을 만다린 중국어를 열심히 공부하는 일에 열중하게 할 것 같고, 아니면 당신이 실용적이라고 생각하는 그런 유용한 일을 하게 할 것 같습니다. 어쨌든 이제부터 당신이 가야 할 행보에 하나님께서 섭리로 같이 하셔서 분명한 길을 보여주시리라고 믿습니다. 하나님의 특별한 축복이 당신이 하는 일에 함께 계신다는 증거를 앞으로 수없이 보게 될 것입니다.

얼마 후 뮬렌스 박사(Dr. Mullens)가 중국에 있는 여러 선교 스테이션을 방문하려고 떠난다는 소식을 들은 줄 압니다. 그때 그를 만나서 앞으로 당신이 무슨 일을 하면 좋을는지 의논할 기회가 있을 것입니다. 그때 가능하다면 상해에서 만나는 것이 좋을 것입니다. 거기라면 에드킨스 형제의 자문이나 도움을 받아서, 현명하고도 행복한 결정을 하는 데 큰 도움이 되리라고 확신합니다.

당신이 현재 어디에 있는지 그 주소를 몰라서 이 편지를 무어헤드 씨 편지에 동봉(同封)해 보내면서, 지체 없이 당신에게 전달해 달라고 부탁했습니다.[31] 이 편지를 받으면 편지받았다고 속히 회신해 주시기 바랍니다.

언제나

아서 티드만

런던선교회 해외총무

---

31 이런 동봉 탁송(託送) 형식은 토마스와 무어헤드와이의 불화관계를 알고 있는 런던선교회로서는 상식적으로는 해서는 안 될 일이었다.

제 IV부

한국 선교 시절
(1865~1866)

1. 인도와 중국 파견 선교사의 편지 / No. 11.

상해(上海)에서의 어려움에 대한 그의 코멘트
: 무어헤드(Muirhead)에 관하여

토마스 씨의 엉뚱한 행동에 대하여 최소한 반 이상의 책임은
무어헤드 씨의 독재적 자세에 있었다고 봅니다. 다른 사람들도
다 그렇게 불평하고 있습니다. 오웬 씨(Mr. Owen)가 도착하면
상해위원회에 네 사람 곧 무어헤드 씨, 오웬씨, 젠틀박사(Dr.
Gentle) 그리고 평신도로서 회계(會計)일을 보는 감웰 씨(Mr.
Gamwell)가 함께 있게 되어 장차 여기 사업들이 훨씬 더 잘 운
영되리라고 확신합니다.

풀렌스(Mullens)[1]

---

1 런던선교회의 해외총무. 티드만 박사는 해외총무 역할 계속.

2. 티드만 박사에게

로버트 J. 토마스 / 런던선교회 북경(北京) / 1866. 1. 12.

경애하는 티드만 박사님

저는 한 주일 전에 여기 도착하여 그때 비로소 제가 이 인상적인 선교지에 임명 피송되었다는 기쁜 소식을 들었습니다. 당신은 내가 한국에 다녀온 소식을 확실히 들으셨을 것으로 압니다. 런던선교회에서 어떤 형태의 회신(回信)이 오기를 기다리는 일은 힘든 일이고 또 사실 오래 지연되었습니다. 그러던 중 저는 스코틀랜드 국립성서공회의 알렉산더 윌리엄슨(Re. A. Williamson)[2]과 손잡고 한국 서해안에 진출하기로 결심하였던 것입니다. 한국은 현재 가톨릭 선교사들 이외에는 누구에게도 전혀 알려져 있지 아니한 나라입니다. 저는 지난해 (1865) 9월 4일 작은 중국 정크[3]를 얻어 타고 지푸(芝罘)를 떠났고 13일에 한국 본토 해안가에 도착하였습니다. 우리는 두 달 반을 해안에서 보냈습니다. 저는 가톨릭교인 한 사람의 도움을 받아서 한국 불쌍한 사람들에게 복음의 귀중한 진리를 전해 줄 수 있을 정도의 충분한 지식을 가지고 있었습니다. 그들은 다 외국인에게 적대적입니다. 하지만

---

2 스코틀랜드국립성서공회의 만주(滿洲) 파견원. Cf: 민경배, 『한국기독교회사』 (연세대학교출판부, 2017), 143; 145; 182; 259. *The Annual Report of the National Bible Society of Scotland for the Year of 1886* (Glasgow, 1868), 41.
3 중국의 밑이 평평한 범선.

한국말을 좀 하니까 마음을 열어 제가 주는 책 한두 권을 받기도 하였습니다.[4] 이런 책들을 받는다는 것은 목이 잘릴 각오로 하는 것이요, 최소한 벌금이나 감옥살이를 각오하지 않으면 하지 못하는 모험입니다. 그렇다면 이들이 그 책들을 받았다는 것은 그들이 꼭 읽겠다는 뜻이 된다고 단정할 수 있습니다. 20년이나 한국을 왕래한 중국 선원에 의하면 지난 가을 한국 서해안을 휩쓸고 간 폭풍우는 그 피해가 전무후무하였다고 합니다. 제가 만일 그때 구사일생으로 살아나 돌아온 이야기를 다 하려면 진이 빠질 것입니다. 하나님의 그 크신 섭리로 저는 이렇게 살아남았습니다. 저는 사실 수도 왕경(王京, Wang-King)[5]을 찾아가려고 하였습니다. 그러나 제가 타고 가던 한국 정크(帆船)가 그때 노도 질풍에 휩쓸려 다 깨져나갔습니다. 그러나 한 사람도 물에 빠져 죽은 사람은 없었습니다.

12월초에 저는 한국을 떠나서 만주(滿洲) 연안에 도달하였습니다. 바다의 위험을 겨우 피하였다 하였더니 이제는 육지의 위험에 빠지게 된 것 같았습니다. 아시다시피 만주 전체가 동란 속에 휘말리고 있습니다. 오래전부터 마적(馬賊)들이 떼를 지어 다니면서 극동의 한적한 길의 큰 위험이 되고 있습니다. 최근에 와서는 이들 마적 떼들이 서로 손을 잡고 대규모의 마적단을 이

---

4 '책'이라고만 되어있어서 성경책인지는 확실하지 않다. 하지만 종교서적인 것은
  확실하다.
5 서울을 왕경(王京) 곧 왕의 서울로 알고 있었던 것 같다.

루어 누가 보아도 반란군의 규모로 발전하여 커다란 위협이 되고 있습니다. 저는 한국을 떠난 지 이틀 만에 만주의 작은 항구 피쯔우(貔子窩)에 표도하였습니다. 그 도시는 벌써 반도(叛徒)들에게 점령당하고 있었습니다. 한데 저는 거기서 성서 책들을 나누어 주고 복음의 말씀을 설교하면서 아주 즐거운 시간을 보낼 수 있었습니다. 거기 사람들은 다만 예의바른 정도가 아니고, 제 말에 경청을 하는 정도였습니다. '리과하'라고 하는 한 회교신자(回教信者)는 성경 책 별권 하나씩을 샀습니다. 그리고는 저에게 포장 식사를 매일 무료로 보내주겠노라고 야단이었습니다.

개주(蓋州)를 지나서 잉쩨(Yingtsz- 營口)[6]에 도착했을 때 저는 영국영사(H. B. M's Consul) 테일러 (메도우 T. Taylor Meadow, Esq)에게서 분에 넘친 따뜻한 접대를 받았습니다. 그리고서는 말 잔등에 타거나 달구지에 편승하면서 요동만(遼東灣)북쪽을 돌아 산해관(山海關)의 만리장성을 지나 칠리(直隷)의 성(省)에 도착하였습니다. 거기 와서 비로소 큰 숨을 자유롭게 쉴 수가 있었습니다. 거기까지는 반도들이 쫓아올 수 없었기 때문입니다. 중국정부는 한 4천여 명에 이르는 정벌대(征伐隊)를 거기에 보냈습니다.

---

6 Newchang, 牛莊.

한 마디로 저는 넉 달 동안을 유럽 사회에서 멀리 떠나 있었습니다. 그런 미얼 긴도를 비디고 유끼고 이행이겠습니비. 그대시 한국 서해안 쪽의 두 도(道)에7 대하여 자세히 알게 되었습니다. 더구나 서울에서 쓰는 말과 글들을 많이 알고 쓰게까지 되었습니다. 이런 저의 지식은 앞으로 그 나라 사람들과 어떤 교섭을 할 때 유용하게 쓰이리라 믿습니다.

저는 지금 여기에 안전하게 다시 돌아올 수 있어서 얼마나 기쁜지 그 감사한 마음을 어떻게 표현해야 할지 모르겠습니다. 하나님의 은총이 함께하신다면 에드킨스 씨가 그렇게 오랫동안 훌륭하게 수행하여 오신 그 무거운 책임의 일부를 감당하여 나갈 각오가 되어 있습니다. 저는 런던선교회 이사회가 베푸신 친절에 심심한 감사의 말씀을 올리고 싶습니다. 거기 더하여 박사님께서 이사회가 최종 결정을 심리할 때까지 시시때때로 친절하고도 용기를 주는 그런 말씀을 하여 주신 데에 대하여 제 최상의 감사를 올리고 싶습니다.

이틀 전에 미국 선교사 마틴 박사(Dr. Martin)가 여기 북경에 있는 중국 외무성(外務省)부속 영중(Anglo-Chinese)학교 운영 책임을 맡지 않겠느냐고 물어 왔습니다. 지금 오겠다는 학생

---

7 평안도와 황해도.

수는 여섯이고, 일과는 매일 두 시간, 급료는 연 1,000 테일[8]입니다. 저는 당장 사양하였습니다. 다만 이런 사정은 알려드리는 것이 좋으리라 보고 이렇게 씁니다. 이사회는 어떻게 생각하는지 알려 주시겠습니까. 두말할 것 없이 이 학교는 소문이 좋은 학교입니다. 그런 곳이면 젊은 선교사로서는 기초 중국어를 숙달할 좋은 기회가 될 것으로 봅니다. 에드킨스 씨가 보증한다면 마틴 박사를 돕겠다고 말하였더니 마틴 박사는 상반되는 두 체제가 두려워서 저에게 부탁하지 않기로 하였습니다. 러시아 공사(公使) 휴골리 장군(H. E. General Hougoli)(?)[9]은 저에게 학교 일을 맡으라고 야단입니다.

여기 상해에서의 생활 첫 주일(週日)은 외국인 거주자들의 방문 요청에 응해서 일하는 것으로 차 있었습니다. 우리들의 '기도 주간'(Week of Prayer)은 지금까지는 아주 많이 참석하고 있습니다. 다음 주일부터는 중국 교회의 강단에서 설교할 정도의 실력을 쌓도록 열심히 어학공부를 시작하려고 합니다.

이사님들 여러분에게 경의와 문안을 드립니다.

경구(敬具)

로버트 제르메인 토마스 올림

---

8 테일. 중국 등지의 중량 단위, 보통 37.7g; 중국의 옛 화폐 단위.
9 (?)표는 토마스의 표시.

추기(追記):

편지를 서둘러 쓰른 이유가 있습니다. 제가 안전하게 되돌아
왔다는 소식이 가기 전에 다른 러시아 편지가 먼저 거기 배달
되어서는 안 된다고 보기 때문입니다.

R. J. T. 올림

3. 티드만 박사에게

로버트 J. 토마스 / 북경 런던선교회 / 1866. 4. 4.

경애하는 티드만 박사님

한국의 연례 방청(訪淸)사신 일행(Annual Corean Embassy)
이 방금 여기를 떠났습니다. 저는 북경에 있는 어느 외국인보다
도 그들과 친밀하게 얽힐 수 있는 행운이 있었습니다. 그들 말을
상당한 정도 하고 또 그 나라에 대하여 좀 알기 때문에 그들 공관
(公館)에도 자유롭게 드나드는 그런 행운이 있었습니다. 아시겠
지만 지금 한국에는 천주교 신부가 11명 있고 교인은 수천을 헤
아린다고 합니다.

지난번 제가 한국에 갔을 때 한국 천주교인 몇 사람과 아주 친숙
해졌는데, 그들은 중국의 신자들과 마찬가지로 교황교회(Papal
Church)의 교리에 아주 헌신적입니다. 그래서인지 우리의 소박
하고 순수한 신앙에는 귀를 기울이려고 하지 않습니다. 그들은
소위 '이단'에10 대해서 미리 경고를 많이 받은 것 같습니다. 천진
조약(天津條約)11 체결 이후 여기 있는 유럽의 선교사들과 개종
자들은 비교적 상당한 안정을 누리고 있습니다. 일본이 개국하기

---

10 토마스 자신의 아랫줄. 앞으로 아랫줄은 다 토마스 자신의 것.
11 1858년 영국–프랑스 연합군의 무력에 의한 위협에 굴복하여 처음으로 천진에
   서 맺음 4개 조약. 이것은 러시아–미국–영국–프랑스와 맺은 일방적 최혜국 조
   약. 소위 불평등조약.

전에도 로마교회 선교사들은 한국 남해안 쪽을 뚫고 들어가려고 기린 애를 다 썼다고 합니다. 아직도 한국 남해안의 치샹(Ch'ing Shang)[12] 동래(東萊) 작은 포구에는 일본군 수비대가 주둔하고 있습니다.[13] 만일에 희랍정교회가 그들 '정통'(正統) 신앙을 퍼트리려고 피곤함 없이, 겁 없이 달려든다면 로마교회에는 커다란 위협이 될 수 있습니다. 만주 땅 상당 부분이 5년 전에 짜르(Czar)[14]에게 양도되었습니다. 중국이 쩔쩔매면서 파시에트(Passiet)[15]항구 남서 경계선 쪽의 영토를 그렇게 한 것입니다. 한국으로부터 멀기는 하지만 20마일 정도밖에 안 되는 거리입니다. 이미 한국의 많은 이민자들이 두만강을 건너 러시아 땅에 가만히 정착하고 있습니다. 거기에는 많은 러시아군인들이 있을 뿐, 상인이 몇 있고 선교사는 아예 없습니다.

선교사의 마음으로 본다면 최근에 떠오르는 생각은 몽골사람들에게 다시 선교해야 한다는 것, 그것입니다. 그런데 참 이상하게도 지금은 무관심해서 그런지 아니면 소신이 없어서 그런지, 만주 전체를, 폴란드에서 교회 재산을 몰수한, 그런 사제(司祭)들에게 내맡기고 있습니다.

---

12 경상(慶尙)을 그렇게 표현.
13 〈there exists〉란 현재형을 쓰고 있다.
14 러시아황제.
15 巴西也特. 지명 불확실.

인간적으로 본다면 한국인들은 기독교 진리에 전혀 반대하고 있지 아니합니다. 중국에서는 교육을 받은 사람들이 믿는 인도 불교를 한국에서는 하류층에서 따르는데 그 교세는 미미합니다. 저는 한국에서 우리 기독교의 서적들이 여기저기 열심히 읽히고 있다고 확신합니다. 참 신기하게도 제가 작년 가을 한국 서안에 뿌린 서적들이 평안도의 경치 좋고 인구가 조밀한 도읍 평양에까지 퍼져간 사실입니다. 지난겨울 여기 북경에까지 왔던 한국 동지사(冬至使) 일행 중 한 사람인 상인 박 씨 (Pakka)는 얼마 전 저를 만나 그 서적들 중 하나를 평양에서 구해서 열심히 읽었다고 말해 주었습니다. 그는 한국말로 이렇게 이야기 한 것입니다. "Yasu Kyo cheiki meu choosoida."[16] 그 뜻은 예수의 교리에 관한 책이 실로 뛰어나다는 그런 뜻입니다. 한문은 한국에서는 상류층에서 널리 통용되고 있고 그들은 그것을 자랑스럽게 생각하고 있습니다. 그들은 그들 고유의 구어체 한문을 쓰고 있으며 그것이 널리 사용되고 있습니다. 한데 로마 가톨릭에서는 그들의 여러 교리서를 일반 사람들이 쓰는 한국말로 이미 번역하였습니다. 한국인 독서층이 한문을 그렇게 잘 알고 쓰고 있기 때문에 전국적으로 잘 통용되고 있고, 소년 소녀들에게도 이해되고 있는, 그런 말과 글로 우리 책들을 번역해서 읽히는 데에는 아무 문제가 없습니다. 한국 8도에는 사투리가 있다고 해도 누구든 서로

---

16 〈예수교 책이 매우 좋소이다〉

다 잘 알아들을 수 있을 정도입니다. 한국에는 도읍 안에 불교사원이 없다는 것이 참 인상적입니다. 외국에 나와 있는 선교사로서, 악평을 하는 사람들이 무슨 말을 하든, 이 이교(異敎)세계의 중심지에서 일본, 한국, 몽골에 프로테스탄트 기독교를 전파한다는 포부는 본국에 계신 여러 신자들이나 국민 전체의 마음에 자극을 주리라고 확신합니다.

현재 여기에서 직면하고 있는 단 하나의 장해(障害)는 인간의 무모하고도 악독한 심보와 그 맹목적인 거만입니다. 북경(北京)에는 만주족, 몽골인, 타타르인, 한국인, 티베트인 그리고 중국터키인들이 살고 있어서 그렇겠지만 한구(漢口)나 광동(廣東)지역보다 훨씬 살기가 쉽습니다.

아시겠지만 제가 여기 일하도록 임명되고 나서 선교 활동의 범위를 넓히기로 하고 몇 가지 계획이 진행되었습니다. 그중 하나가 설교할 만한 장소였는데, 오래 찾다가 마침내 적당한 곳을 하나 찾았습니다. 에드킨스 씨가 오랜 전에 개종시킨 한 노인이 사람들이 밀집해 사는 구역 안에 그런 곳을 하나 찾아낸 것입니다. 지금까지 우리 전도는 북경사람들만 주로 상대하고 있었습니다. 북경 외곽지역에 잠시 살면서 복음을 널리 전파하는 그런 놀라운 혜택을 누릴 수 있었던 것은 다른 18성(省)에서는 찾아 볼 수 없는 그런 행운입니다. 하나님께서 도우신다면 이 새로운 선교 스테이션에서 중국 제국의 여러 어두운 구석구석까지 그리스도의 구원의 소식을 널리 전파할 수 있는 길이 열릴 것입니다. 중국에서는 "사람을 회개시킨다는 것은 힘든 일이다"라는 말이 돌고 있습니다. 그리스도를 안다는 정도의 사람들만 가지고 만족한다면, 우리 교회 명부에 그런 개종자 수가 넘치고 찰 것입니다. 성령께서 구세주가 필요한 사람들만 인도한다면 그것은 쉬운 일일 것입니다. 구원받을 만한 이유가 있는 '그런' 사람들이 우리 작은 교회에는 꽤 자주 등록하고 있습니다.

마틴 박사가 하남성(河南省)의 개봉부(開封府)에 다녀온 소식을 들으신 줄 압니다. 이 도시는 한 세기 전에 예수회 신부가 여기 왔었기 때문에 유럽에 잘 알려져 있습니다. 더구나 여기에는 자그마한 유대인 거류지가 있습니다. 오랜 박해, 홍수 그리고 다른 여러 불운들 때문에 지금은 그 수가 감소하고 곤궁한 처지에 놓여 있게 되었습니다.

마틴 박사는 그 거류지를 지난 2월에 방문하였었는데 그 유대인 회당이 팔린 것을 알았습니다. "그들 어르신네들이 앉아 있던 신전(神殿)이 이교인(異敎人)들이 들어와 차지하였도다." 만일 그중 한 사람이 그들 조상들의 신앙을 간직하였다면 이렇게 탄식하였을 것이다.

"슬프다 내 상처여 내가 중상을 당하였도다. 그러나 내가 말하노라 이는 참으로 고난이라 내가 참아야 하리로다. 내 장막이 무너지고 나의 모든 줄이 끊어졌으며 내 자녀가 나를 떠나가고 있지 아니하니 내 장막을 세울 자와 내 휘장을 칠 자가 다시없도다."17

메시아, 우리 주 그리스도 예수, 다윗의 아들 주님께서 "이스라엘 집의 잃어버린 양"을 되찾으소서.

경구(敬具)

R. J. 토마스 올림

---

17 예레미야 10: 19-20. 성경본문을 밝히지 않고 있다.

4. 티드만 박사에게 〈발문跋文〉

조셉 에드킨스 / 북경(北京) / 1866. 7. 25.

사신(私信)!

토마스 씨가 지난 주일에 지푸(芝罘)로 떠났습니다. 한국말을 많이 안다는 것과 한국 해안에 대하여 상당한 지식이 있기 때문에 여기 있는 불란서 공사(公使)의 간청을 받아들여서 불란서 함대 제독을[18] 만나러 간 것입니다. 로즈 제독은 적개심을 가지고 한국에 가기로 작정한 것입니다. (최근 한국 조정은 불란서 주교 두 사람을 포함한 9명의 선교사와 7명의 또 다른 불란서 선교사를 참수(斬首)하였습니다.) 불란서 정부는 한국의 문호를 개방하여 통상조약을 맺고 심지어 새 군주(Prince)를 왕위(王位)에 앉힐 계획까지 꾸미고 있습니다. 그리고 선교사들을 처형하도록 명령하고 실행한 관리들을 응징할 각오입니다. 불란서 제독은 토마스에게 통역관으로 동승하자고 제안할 것입니다. 그 제독에게는 통역할 사람이 없습니다. 다만 한국에서 도망 온 불란서 선교사가 하나 있는데 그는 한국에 있을 때 개종자들 틈에서 꼬박 숨어사느라고, 토마스가 지난 3개월간 한국에 있으면서 얻은 지리적 지식 정도도 가지고 있지 못합니다. 더구나 불란서 공사관에서 흘러나오는 말로는 로즈 제독이 불란서 성직자들을 불신하고

---

18 P. G. Roze, 1812-1862.

있다는 것입니다. 그들이 한국 안에서는 정치 음모를 꾸미는 비류(匪類)들로 취급되고 있기 때문에 제독은 불란서 성직과는 관련이 없는 그런 통역인과 같이 가기를 원하고 있습니다. 다른 한편, 토마스는 영국인이고 프로테스탄트 성직자이기 때문에 로즈 제독이 억지로 동행할 수 없을 것이고, 그래서 어쩌면 다시 북경에 돌아올는지도 모릅니다.

이런 형편이어서 저는 토마스 씨에게 지푸(芝罘)에 가지 말라고 할 수도 없습니다. 왜냐하면 그가 가기만 하면 본국의 선교회를 후원하는 사람들에게 흥미로운 정보를 가져올 수 있다고 보기 때문입니다. 저는 토마스의 한국행이 선교사역의 견지에서 보았을 때 그 의미가 크다고 봅니다. 그래서 젊은 중국인 학생 하나를 붙여 보내려고 합니다. 그 여행 중에 전도를 받아 예수를 믿고자 하는 사람들에게 기독교적 지식을 가르쳐 주는데 커다란 도움이 되리라고 보아서 그렇게 하기로 하였습니다.

경구(敬具)
언제나 신실하게
조셉 에드킨스(Joseph Edkins)

추기(追記):
토마스는 (한국에 가는데 불란서 제독에게서) 어떤 보상도 받기를 거절하였습니다.

5. 티드만 박사에게[19]

로버트 J. 토마스 / 지푸(芝罘) / 1866. 8. 1.

친애하는 티드만 박사님

유럽의 전쟁 소식 때문에 다들 놀라고 있지만, 나는 손 가까이에 있는 나라들 생각에 더 깊이 잠겨 있습니다. 안타까운 그러나 악명 높은 학살(천주교인에 대한)이 최근에 또 한국에서 벌어졌습니다.[20]

한국에서는 로마 가톨릭 주교 두 분과 일곱 선교사들이 야만적으로 고문을 받은 후 목이 잘렸습니다. 여러 해 동안 교황청의 이들 충실한 사역자들은 아직도 세계에 거의 알려지지 아니한 엄격한 감시 국가에서 숨어 살아왔습니다.

한 달포 전에 한 한국 본토인의 범선 하나가 그 앞 마스트에 불란서 표식을 달고 항구에 들어오는 것을 보았습니다. 거기에 불란서 신부 리델(F. C. Ridel)[21]이 타고 있었습니다. 그 배를 타고 온 한국인들은 두 사람을 제외하고는 다 (천주교) 기독교인이

---

19 로버트 제르메인 토마스의 최후 편지.

20 병인교난(丙寅敎難), 1866.

21 F. C. Ridel(李德兒-李福明, 1830-1884). 불란서함대의 안내인 통역관 역할. 청나라에 자주 왕래. *Dictionnaire Coreen-Francais*, Yokohama, 1880. 저술. 이 책의 한글 필체는 최지혁(崔智爀)의 것.

였습니다. 리델 신부의 말에 따르면 이번 박해와 학살은 로서아 군이 한국의 서북 지역에 미구 쳐들어온 일 때문에 일어났다고도 하고, 다른 한편 한국의 천주교인들이 비밀리에 한국 조정을 뒤 엎으려고 한 음모 때문에 일어났다고도 합니다.[22]

한국에는 천주교인이란 명색을 가진 사람이 몇 천 명 된다고 합니다. 서울에는 가톨릭 주교가 한 대학을 세우고, 또 그 나라말 로 책(native books)을 찍어내기 위해 인쇄소도 차려놓고, 수 년간에 걸쳐 『漢-韓-라틴어 사전』을 편찬하고, 한국의 역사나 자원 그리고 지리에 관한 연구를 하고 있었습니다.[23] 한데 리델 신부에 의하면 이들 서적들은 조정에 의해서 다 수집되어 소각되 었다고 합니다. 그밖에도 미사에 쓰이는 자료들이나 교리문답서 등이 다 불태워졌다고 합니다. 한데 이들 서적들은 그들 구어체 로 편찬된 것으로 수년간 한국에서 사용되어 왔던 것이고, 그들 나라 글씨로 품위 있게 인쇄된 것들이었습니다.[24] 나는 지난해

---

22 특정한 사건이 아니라 당시 천주교인들은 다 원국지배(怨國之輩)로 지목되고 있었다.

23 1864년 베르누(Simon F. Berneux, 張敬一)가 인쇄소를 차려 한글로 『성교요 리문답』 등 9종의 교리서 발행.

24 〈황사영백서〉(黃嗣永帛書, 1801)에는 이미 오랜 전에 한글이 교리서에 쓰였 다는 글이 나온다. 곧 "雖其愚鹵者 鮮有不明 嘗爲敎中愚者 以東國諺文 述主敎 要旨二券…." 곧 "비록 우매하고 어리석은 자라도 분명하지 아니한 것이 없었 다. 일찍이 그는 교인들 중 어리석은 자들을 위하여서 우리나라 글(東國諺文) 로 『주교요지』 두 권을 저술하였다." 이는 1801년 이전에 벌써 가톨릭교회가 언문(諺文) 곧 한글로 책을 간행한 사실을 입증.

한국에 갔을 때에 이들 문서들 한 세트를 완전하게 수집하였는데, 이들은 장차 보다 더 순순한 기본적 기독교 업적들로 잘 편찬 보관되어서 소중하게 쓰일 날이 있으리라고 확신합니다.

이들 가톨릭 선교사들과 교인들에 대한 대량검거와 학살의 비보(悲報)가 북경(北京)에 있는 우리들에게 전하여지자, 북경주재 불란서 대사[25]는 방금 천진(天津)으로 떠난 현지의 불란서 함대사령관[26]과 즉각 협조하여 아직 살아서 한국의 산속에 숨어 있는 불란서 선교사 두 사람을 구조하기 위하여 원정군을 파견하기로 결정하였던 것입니다. 그리고 한국 조정에 불란서인 선교사들을 학살한 책임을 묻고, 동시에 수백 년 동안 쇄국정책을 쓰고 있는 한국이 서양에 문호를 개방하고 교역하도록 요구할 것을 결정하였다고 합니다.

북경은 확실히 극동에서는 가장 훌륭한 선교지역 중의 하나입니다. 거기 있는 서양 선교사들은 아세아 여러 곳, 가령 한국, 몽골, 티베트 등지에서 1년에 한두 번 찾아오는 사절단의 단원들을 무시할 수 없으며, 그래서 그들과 허물없이 얽히곤 합니다. 그중

---

25 사실은 불란서 대리공사 벨로네(Henrie de Bellonet 白羅呢). F. A. McKenzie, *The Tragedy of Korea,* London, Hodder & Stoughton, 1908, 5ff.

26 P. C. Roze(魯勢 1812-1883). 불란서해군의 거물. 후에 불란서의 지중해함대 사령관.

에서 한국인들은 기독교 진리에 훨씬 더 접근하기 쉽다는 생각을 다들 하고 있습니다. 불교는 한국에서 중국보다 더 약세에 있습니다. 한문(漢文)은 한국 전역에서 하류층에서조차 중국 북부의 중국인들보다 훨씬 더 잘 이해하고 쓰고 있습니다.

작년(1885)에 나는 한국 서해안 도처에 종교 서적들을 배포하며 다녔습니다. 금년 1월에는 북경에 있는 한국 사절단의 한 단원이 한문으로 된 글쪽지를 내 손에 쥐어 주었습니다. 그 글에는 한 외국인이 작년에 한국 해안에 배포한 것과 같은 〈마태복음서〉를 하나 구해달라는 글이 적혀 있었습니다. 이런 것을 보면 우리가 무엇을 하여야 할지 잘 나타나고 있다고 봅니다. 여기서 우리는 하나님의 말씀의 영향력을 확장하려고 하는 우리들의 노력이 절대 방해 받아서는 안 된다는 것을 알 수 있습니다. 나는 시간이 날 때마다 부지런히 한국말을 익히고 있습니다. 내가 지난해 한국에 갔을 때에는 위험하고 거친 해안에 맹렬한 폭풍이 휘몰아치고 있었습니다. 나는 내가 프로테스탄트 선교사로 한국에 처음 발을 들여 놓는 그런 명예를 얻게 되리라고는 꿈에도 생각하지 못하였습니다. 불란서 대사는 내가 불란서 함대와 함께 한국에 가기를 간청하여 왔습니다. 그때 나는 한국의 해안 지리를 잘 알고 또 그 나라 말을 대부분 할 수 있는 유일한 외국인이었습니다.[27] 에드킨스 씨(Mr. Edkins)는 내가 즉시 지푸(芝罘)[28]

---

27 그의 한국말 실력: "비단 중국말을 잘 할뿐만 아니라 우리말로 말하면 어떤 것은

로 향해 떠나는 것이 좋겠다고 두 손 들어 격려해 주었습니다.

한데 내가 천진(天津)에 도착해 보니 불란서 영사(領事)의 말이 사이공에서 소요(騷擾)가 일어나 불란서 함대 사령관이 홍콩을 향해 떠났다고 하면서, 그러나 곧 돌아올 것이라고 일러 주었습니다. 하지만 나는 여기에서 시간을 허송할 것이 아니라 곧 지푸로 향해 가기로 결심하였습니다. 그리고는 나하고 친한 영국 상인의 상선(schooner)을 타고 한국에 나가는 여정에 오르기로 한 것입니다.29

나는 상당한 분량의 (기독교)서책들을 가득 싣고 한국인들이 나를 꼭 환영해 주리라는 희망에 부풀어 이 길을 떠납니다. 나는 한국 해안가 어디에서 불란서의 프리깃트- 군함30을 만나게 되리라고 믿고 떠납니다.31

잘 알고 어떤 것은 모르고, 글도 이것저것 썼다." 고종실록(高宗實錄), 병인(丙寅) 7년(1866) 7.15일(음력)

28 중국 산동성(山東省) 현재의 烟台.

29 1866년 8월 9일(목요일) 미국 선적(船籍)의 The General Sherman호로 떠난 것. 토마스는 이 미국 선박에 대하여 잘못 알고 있었던 것이 확실.

30 그 군함 이름은 구에리어(Guerrière).

31 그가 한국을 향해 떠날 때에는 스코틀랜드국립성서공회의 만주(滿洲)책임자 알렉산더 윌리리엄슨의 추천으로 그 성서공회의 파견원 자격으로 떠났던 것. *The Annual Report of the National Bible Society of Scotland*, 1866, 41; A. Williamson, *Journeys in North China, Manchuria and Eastern Mongolia with Some Account of Korea*, London, Smith Elder& Co., 1870.

우리들의 사역은 하나님의 축복으로 북경에서 날로 흥왕하고 있습니다. 그래서 비록 잠시 몇 주일만 떠나 있다가 온다고 하더라도 마음이 내키지 않습니다. 그러나 에드킨스 씨나 다른 선교사들의 주장대로 나 역시 한국에 프로테스탄트 선교사 한 사람이 곧 가야 한다고 보기 때문에 발길을 돌려 한국을 찾아갑니다. 이렇게 한다면 우리들 선교부에 가장 보람된 결실을 가져오게 되리라고 확신합니다.

나는 런던선교회의 이사들께서 성서의 교리를 전하기 위해 아무 인간적 과오와 혼합되지 아니한 심정으로 이 미지(未知)의 나라에 향해 가는 우리들의 발걸음을 이해하여 주리라고 믿으며, 먼 길 한국을 향해 떠나갑니다.[32]

경애하는 티드만 박사님!

경구(敬具)

R. 제르메인 토마스 올림

---

[32] 그는 대동강에서 1866.9.5. 순교, 고종실록, 병인(丙寅) 7월27일(음력).

6. 뮬렌스(Mullens)에게

조셉 에드킨스 / 상해(上海) / 1866. 9. 10.[33]

친애하는 뮬렌스

얼마 전, 상해에 사는 무어헤드 부부가 여기에 와서 즐겁게 만났습니다. 귀하의 요구에 따라서 저와 무어헤드 씨는 몽골의 중요한 도시 〈궤화청〉에 갈 것입니다. 여기서 대개 12일 걸리는 거리에 있는 그 도시에 간다는 것은 무어헤드 씨에게나 저에게는 가장 먼 거리에 가는 일이 되겠습니다.

오늘 아침에 여기 위원회가 모였는데 리스 씨(Mr. Lees), 무어헤드 씨, 다지언 박사(Dr. Dudgeon) 그리고 제가 참석하였 었습니다. 위원회에서는 로버트 제르메인 토마스 목사가 위원회의 동의도 없이 한국에 갔기 때문에 위원회 총무가 뮬렌스 씨에게 글을 써서 유감이 뜻을 전하도록 하되, 다만 그가 다시 돌아올 때까지 아무런 의견도 기록해 놓지 않기로 하였습니다.

제가 얼마 전에 토마스 씨가 북경을 떠난 일에 대하여 몇 마디 글을 올린 일이 있습니다. 그가 지푸에 도달할 지음에 여러 정황이 많이 달라졌습니다. 불란서 로즈 제독이 사이공으로 떠났던

---

33 토마스는 9월 5일에 대동강에서 순교.

것입니다. 그러니 토마스 씨의 여정 역시 바뀌어 여기에 다시 돌아와야 하는 것이 아닌가 하는 것이 우리들의 생각입니다.

우리는 초조하게 그가 곧 돌아오기를 기다리고 있습니다. 그러던 그때에 그가 친히 그의 여행과정에 대하여 글을 올릴 것입니다.

그런데 커다란 걱정거리가 생겼습니다. 여기 상해 신문에 그의 이름이 실렸는데, 거기 보면 토마스가 한국에 가는 무장한 선박에 편승하였다는 것입니다. 불란서 함대가 침공할 것이라는 공포에 휩싸여 있는 현시점에 유럽 백인이 그 나라 해안에 나타난다는 것은 두말 할 것 없이 극단의 위험이 아닐 수 없습니다. 잡혀서 온갖 고초를 다 겪을 것입니다. 우리는 이런 상황이 선교사로서의 사역 수행을 막는 것은 두말 할 것도 없고, 그의 여행을 무익하게 만들 것임이 틀림없다고 봅니다.

조셉 에드킨스

제 V부

토마스 순교 이후
(1866~1899)

1. 런던선교회에 〈발문跋文〉

조나단 리스 / 북경(北京) / 1866. 9. 10.

제가 말씀드리고 의견을 말할 일이 하나 있습니다. 그것이 위원회 결정 사항이 되었고 더구나 에드킨스 씨가 이사회 여러분에게 곧 통보할 것이기 때문에 문제가 된 그 사실에 대하여 내 개인적인 실망과 걱정을 나타내는 것 이상의 일은 하지 않는 것이 좋겠다고 여겨집니다. 제 말씀은 물론 로버트 제르메인 토마스 목사가 한국에 간 사건을 두고 하는 말입니다. 우리는 이사회에 우리가 알고 있는 정보를 다 알려드리는 것 이외에 그 형제1가 할 일은 없다고 여겨집니다. 그가 여러분에게 자기가 결정한 코스에 대하여 설명할 것입니다. 그리고 그가 취한 행동의 정당성 여부는 여러분들께서 결정하실 일이라고 봅니다.

조나단 리스(Jonathan Lees)

---

1 로버트 제르메인 토마스를 의미.

2. 뮬렌스에게

조셉 에드킨스 / 북경(北京) / 1866. 10. 13.

경애하는 뮬렌스 씨

저는 방금 몽골 여행에서 돌아왔습니다. 제가 여기 돌아와서 들은 마음 아픈 소식을 서둘러 전해드려야 하겠습니다. 불란서의 로즈 제독이 코친-중국(Cochin China)[2]에서 돌아오는 길로 한국 해안으로 가서 조사를 하였답니다. 충분한 군사들과 병선(兵船)을 모아 가지고 한국에서 전투를 벌이기 전에 일단 조사를 하기 위해서 갔던 것입니다.

그가 포함을 보냈다가 다시 그 포함이 지푸에 도달하였을 때에 토마스 씨가 편승하고 갔던 '제너럴셔면호'가 한국 해안 어딘가에 난파되었다는 소식을 가지고 온 것입니다. 제독은 그 소식을 그 병선에 탔던 수로(水路) 안내인이 해안에 갔다가 듣고 온 소식을 듣고 안 것 같습니다. 그 안내인은 물론 한국의 관리로부터 이런 정보를 얻은 것은 아닙니다. 그 소식에 의하면 한국인들이 '제너럴셔면호'에 탔던 모든 사람들을 다 죽이고 그 배를 불살랐다고 합니다. 이것은 그냥 추측인데 토마스 씨가 한복을 입었고 한국말을 좀 하는 처지라 혹시나 그 참극만은 피하지 아니하였을

---

2 프랑스 식민지 시대의 베트남 남부지역을 유럽인들이 부르던 이름.

까 하는데, 그것 역시 확실하지 않습니다. 우리가 받은 이 참담한 소식은 대개 이런 것입니다 며칠 안에 다른 소식이 혹 있지 않을까 가슴 조이며 기다리고 있습니다. 토마스 씨와 동행한 북경 출신 중국인 조사(助事)가 함께 희생된 것 같아서 우리의 비탄은 더욱 커집니다.

그 배에 동승하였던 사람들은 토마스 씨 이외에 중국인들 그리고 유럽인 세 명과 미국인 두 명입니다. 이곳에 있는 미국 군함의 사령관이[3] 한국에 곧 갈 것이라고 합니다. 불탄 배에는 미국인 두 사람이 타고 있었기 때문입니다. 두말할 것도 없이 영국 대표단도 같은 사명을 띠고 한국에 곧 갈 것입니다. 이들이 한국에 다녀오기 이전이라도 좀 더 확실한 정보를 들을 수 있으면 하고 기다리고 있습니다.

몇 주일 전만 하여도 그 불탄 배의 선원들이 한국인들에게서 친절한 대접을 받았다는 소문이 있습니다. 그런데 그들이 안전하게 중국 영토에 들어오자마자 여기 와서 오히려 홀대를 받고 학대를 받았다는 것입니다.

형편을 다 묶어보면, '제너럴셔먼호'에 탔던 사람들의 불행한 운명은 불란서 함대가 침공할 것이라는 한국 조정의 두려움 때문

---

3 미국 해군 제독(R. W. Schufeldt), 군함은 위츄세트(Waschsett).

에 촉발된 사건 같고, 로즈 제독이 한국에 가서 정찰하고 온 것 때문에 불안하여서 저지른 사건으로 보입니다.

조셉 에드킨스

3. 런던선교회 동방위원회(Eastern Committee)
   회의록/ NO.2

1866. 11. 22: 121쪽.

조셉 에드킨스 목사와 로버트 제르메인 토마스 목사에게서 온
편지들을 읽다. 그리고 런던선교회 북경위원회 회의록 결의사항
도 읽다. 거기에는 한국에서 몇 명의 로마 가톨릭 선교사가 살해
되었다는 사실과 그 지역 곧 한국에 로버트 제르메인 토마스 목
사가 갑자기 떠난 사실이 들어 있는데, 여기 대하여 다음과 같이
결의하다.

결의사항: 불란서공사관(公使館)에서 토마스 씨가 그 나라 제
독(提督)[4]을 따라서 통역관 자격으로 한국에 동행하기를 요청하
였다는 사실에 대하여 그것이 고려할 만한 사실이라고 할지라도,
우리 위원회는 토마스 씨 가 너무 성급하고 생각 없이 그 요구에
응하고서는 북경을 떠나 지푸(Chefoo, 芝罘)로 간 것으로 판단
하다. 더구나 이런 첫 단추를 잘못 낀 그의 잘못은 로즈 제독이
코친-중국(Cochin China)으로 떠난 것을 알고서도 지푸를 떠
나 한국으로 간 데서 더욱 커졌다고 판단하다. 어쨌든 그에게 주
어진 (통역관으로서의) 직책은 그가 프로테스탄트 선교사로서

---

4 불란서 극동함대사령관 Pierre-Gustave Roze(1812-1883). 해군 중장.

의 신분으로서는 당장 곤경에 빠트리는 것이요, 더구나 다른 나라의 정치적 사건에 휘말리게 하는 악재가 될 것이라는 것은 분명하다. 현재 한국 사람들은 굉장히 흥분하고 격분되어 있는 상태인데, 그런 나라에 가서 순전히 선교사 일을 한다고 할 때 그런 길이 열리리라고는 생각하는 것이 정상인가. 따라서 이사회로서는 토마스 씨가 자신의 일터인 북경에 지체 없이 돌아와서 자기 본분에 충실해 줄 것을 바라는 바이다.

4. 토마스 부친에게

조셉 에드킨스 / 북경(北京) / 1866. 12. 4

경애하는 귀하에게

이 글이 귀하에게 미치기 오래 전에, 한국에서 일어난 사건의
보고가 걱정과 비탄으로 귀하의 가슴을 이미 멍들게 하였으리라
고 믿습니다. 저와 제 아내는 우리가 그렇게 두려워하는 일이 귀
하에게 뿐만 아니라 우리가 잃어버린 친구의 어머님과 그 자매들
에게 일어났다는 데에 대하여 깊은 애통과 고통을 금할 길이 없
습니다. 왜 아무도 귀하에게 글을 쓰지 않았을까 하고 이상하게
생각하셨을 것입니다. 실상 전해드리기에 확실한 그런 소식이란
것이 없었습니다. 우리들에게 들려온 소식은 불확실하고 애매한
것들뿐이었습니다. 그리고 들려온 것들도 서로 엇갈려 실상을 찾
기가 어려웠습니다. 저는 좀 더 정확한 정보를 얻을까 해서 기다
리다 못해 한 달 이상을 근처 지역을 헤매 다녔습니다. 우리가 사
랑하는 형제(토마스)는 7월 13일에 우리를 떠나갔습니다. 저는
그가 지푸(芝罘)에서 저에게 보낸 쪽지를 가지고 있습니다. 그
는 거기에서 한 상선을 타고 한국에 간다는 말만 썼습니다. 그리
고는 자기가 없다고 해서 제가 몽골에 가는 길을 연기하지 말라
고 일러주고 있었습니다.

저는 무어헤드 씨와 함께 몽골에 갔다가 10월 12일에 돌아왔
는데, 그때 처음으로 '제너럴셔먼호'가 한국 사람들에 의해서 몽

땅 파괴되고 거기 탔던 사람들 전부가 죽임을 당했다는 충격적인 소식을 들었던 것입니다. 하지만 그때나 지금이나 귀하의 아들이 그 참혹한 비운을 맞아 희생된 사람들 중 하나라는 것을 믿으려고 하는 사람은 거의 없습니다. 저 자신 역시 내년 봄까지는 희망의 끈을 놓지 않고 기다리려고 합니다.

우리의 희망에 반대되는 정보도 있습니다. 불란서 선교사들이 한국 사람들에게 들었다는 소문인데 아무도 살아남지 못하였다는 그런 불길한 소문입니다. 우리가 아직 희망을 포기하지 않고 있는 이유는 우리 친구(토마스)가 한국말을 잘하고, 그래서 한국 사람들에게 자기가 그 나라에 쓸모 있는 일을 할 수 있다는 것을 이해시켰을 수 있었을 것이 아닌가 하는 생각 때문입니다. 다른 하나는 그가 제 학생 중의 하나인 젊은 북경 출신 청년을 데리고 갔는데 그것이 혹시 도움이 되지 않았을까 하는 것입니다. 한국 사람이 요새 같은 세상에 중국인을 죽일 수는 없을 것 같아서 하는 말입니다.

하지만 귀하의 아들이 아직 살아 있을 것이라는 소식을 듣고 싶어 하는 우리들이지만, 사실 우리가 기댈 만한 긍정적 증거가 없는 것이 사실입니다. 그저 추측만 하고 있을 뿐입니다. 혹 그가 가지고 갔다는 한복(韓服)이 그가 그 참살의 현장에서 빠져나오는 데에 도움이 되었을까 하고 별 생각이 다 듭니다.

불란서군이 한국의 서울로 들어가는 강5 입구에 섬 하나를 점령하고 있다고 하는데, 이제 봄이 오면 전쟁 같은 작전을 시작할는지 모릅니다. 그들은 서울을 아주 쉽게 점령할 것이고 그러면 우리는 충분한 정보를 얻게 될 것입니다.

'제너럴셔먼호'의 참극은 중국 국경에 가까운 한국 서북에 있는 다른 강[6]에서 벌어졌다고 합니다. 강을 타고 올라가면 아주 풍요로운 도시가 하나 있고, 그 주변 지역은 한국에서는 가장 비옥한 지역으로 알려져 있는 고장입니다. 그 도시는 '평안'(Ping An)[7]이라 부릅니다. '제너럴셔먼호'는 분명히 바늘이라든가 성냥 같은 것은 것을 가지고 가서 교역(交易)하자고 한 것으로 압니다. 천진에 살고 있는 한 스코틀랜드 상인은 한국 실정이 지금 험악한데 한국 사람에게 뭘 팔겠다고 무장을 하고 간다는 것이 믿어지지 않는다고 하였습니다. 어떤 이는 또 말하기를 '제너럴셔먼호'가 강물이 꽉 찼을 때 강을 거슬러 올라갔다고 합니다. 어떤 이는 또 강구(江口)에 좌초하였던 것이라고도 합니다. 불란서 신부 리델(Ridel)[8]은 중국 고급 관리의 말을 빌어서 한국왕의 아버지[9]가 섭정으로 있으면서 배에 탔던 사람 전부를 참수하라고 하였다는 소식입니다.

그가 세상을 떠났다면 우리는 그렇게 깊이 사랑하던 사람을 하

---

5 한강(漢江)을 의미.
6 대동강(大同江).
7 평양(平壤).
8 F. C. Ridel 1830-1884. 한국과 중국을 여러 차례 왕래. 불란서함대의 안내역.
9 흥선(興宣) 대원군.

나 잃은 것입니다. 그는 비상한 언어실력을 보여주고 있었습니다. 그는 상냥하고 친절해서 중국인들에게 사랑을 받고 있었습니다. 그리고 그들 사이에서 정말 훌륭한 선교사로서 쓰일, 앞길이 양양한 젊은 청년으로 촉망되고 있었습니다. 하나님께서는 하나님에게 기쁨이 되는 일을 행하셨습니다. 그러니 누가 감히 하나님께 "당신이 하신 일이 무엇입니까?"라고 물을 수 있겠습니까.

신문을 통해서 울적한 소식을 들으시고는 무슨 소식이 없나 해서 뮬렌스 박사(Dr. Mullens)에게 편지를 쓰실 것이라 보고, 제가 여기에서 알 만한 일들은 다 적어서 지난 10월에 그에게 알려 주었습니다. 그리고는 좀 더 만족할 만한 정보가 입수될 때까지 편지를 올리지 않는 것이 좋겠다고 생각하고 있었습니다.

높은 보좌에 계신 자비로우신 대제사장님의 위로하심을 간구하면서

언제나 신실하게

조셉 에드킨스

애버딘(Aberdeen)의 한 과부가 그의 아들 맛손 씨(Mr. Masson)가 스와토우(Swatow)[10]에 선교사로 일하러 가다가 익사(溺死)한 소식을 듣고 슬퍼하고 있습니다. 그 청년은 경건

---

10 汕頭市. 현 중국 광동성(廣東省) 동부에 있는 도시.

심이 깊은 유망한 청년이었습니다. 그는 우리 주님이 하나님이신 것을 수상하며 토론하다가 갑자기 앞 갑판위에 밀어닥친 파도에 휩쓸려 들어가 죽었습니다.

스코틀랜드국립성서공회 소장

5. 로버트 J. 토마스에게

조셉 물렌스 / 북경 / 1866. 12. 10.[11]

나의 친애하는 토마스 씨

1. 당신이 티드만 박사에게 보낸, 지난해 4월 4일 북경에서 보낸 편지와 지푸에서 8월 1일에 보낸, 두 편지는 제가 잘 받았습니다.

2. 중국 도시에서 새로운 선교 스테이션을 열었다는 소식을 듣고 너무 기쁩니다. 그렇게 되면 당신과 당신 동역자들이 북경 선교사역을 확대시킬 수 있게 된다는 뜻이 되겠습니다. 지금까지는 선교사역이 주로 타타르(Tartar) 사람들에게 집중되고 있었는데, 이제부터는 중국 도시에 있는 다른 족속들과 거기에 이거(移居)한 사람들에게도 복음의 소식을 전할 그런 시설을 갖추게 되었다는 뜻이 됩니다. 그렇게 되면 이들을 통해서 그 지경 너머의 사람들에게도 복음을 전할 수 있게 될 것입니다. 이렇게 해서 넓고도 흥미로운 새 지경(地境)이 눈앞에 널리 열려, 거기서 병고(病苦)를 고치고, 복음의 말씀을 직접 전하며, 기독교의 서적들과 소책자들을 보급할 수 있게 될 것입니다. 이렇게 중요한 지역에 그렇게 주도면밀한 노작(勞作)으로 넓혀나가면 당신이 가지

---

11 이때까지도 로버트 토마스의 순교사실을 모르고 있었다.

고 있는 그 최선의 힘을 발휘할 절호의 기회가 되는 것이고, 당신 수변에 있는 이교인(異敎人)들의 가슴과 그 심정에 막바로 호소하여 마침내 주님의 풍성하신 상금을 받게 할 것입니다. 지금 하고 있는 그 선교사역 위에 우리 주님의 축복이 항상 같이하심을 믿으며, 기쁜 소식을 들을 때마다 감사한 마음과 즐거운 마음이 넘칩니다.

3. 한국이 선교사역지로 얼마나 중요한지에 대하여 써 보낸 글을 흥미롭게 읽었습니다. 로마 사제(司祭)들이 그들 교리를 전하노라고 굉장히 활동을 많이 하고 있고, 그래서 그 이교국에서 상당한 수의 개종자들을 얻은 것으로 보입니다. 더구나 이들 로마 사제들이 한국인의 글에 대하여 많은 관심을 가지고 있는 것도 알았습니다.[12] 다른 한편 우리는 당신이 가서 직접 보고 들은 이야기를 들으면서 안 것이 있습니다. 곧 우리 개신교에서는 아직 선교사역에 착수는 못하였지만 한국 사람들이 일본사람들이나 다른 종족들과의 오랜 교섭으로 상당히 솔직하고 상냥한 데가 있어서 수용성이 남달라 순수한 복음의 말씀을 귀 기울여 듣는다는 것입니다. 더구나 이들은 한문으로 된 기독교 서적이나 소책자들을 자유롭게 읽을 수 있다는 것도 우리로서는 반길 일입니

---

12 로마교회의 베르느(Simon F. Berneux) 주교가 1864년 두 대의 인쇄기를 차려 넣고 교리서들을 한글로 간행한 일을 두도 한 말.

다. 우리가 가서 일하기를 마치 기다리고 있는 듯한 한국 땅에 가서 우리 개신교 기독교인 누구든지 열정과 모험으로 주님의 사역에 착수한다면 이 이상 더 자랑스러운 일이 어디 있겠습니까. 하지만 중국 본토에서 선교사 수가 눈에 띄게 증가되지 아니한다면 한국에 지금 들어간다는 것은 우리 스스로 삼가지 않으면 안 될 일이라 봅니다. 일을 일단 하려면 제대로 하여야 하기 때문입니다. 우리는 현재로서는 그리고 앞으로 얼마 동안은, 북경이 당신이 일하여야 할 마땅한 지역으로 보고 있습니다. 더구나 당신의 편지를 보거나 다른 데서 오는 편지를 다 보더라도, 당신이 지금 일하는 곳 이상 더 충분하고 미래가 약속된 곳은 없다는 것을 알 수 있습니다.

4. 이런 사실만 보더라도 당신이 최근 취하고 있는 행동에 대하여 어떤 바른 판단을 내릴 수 있는 어느 정도의 단서가 잡히리라고 봅니다. 북경에 있는 불란서 당국이 당신을 통역관 자격으로 군함에 함께 타고 한국 원정(遠征)에 같이 가자고 하는 제의에 대하여는 먼저 깊은 사려(思慮)가 있어야 하리라고 생각합니다. 어느 정도는 당신 동료 에드킨스 씨와 합의가 있었던 것 같은데, 그렇다손 치더라도 깊이 생각할 시간적 여유가 없었으니 스스로 당신 결정에 따라 행동할 수밖에 없었을 것입니다. 하지만 당신이 거기 가는 데 대한 엄중한 반대가 있습니다. 만일에 불란서 제독이 가톨릭 성직자를 통역으로 쓸 때 그가 한국 사정에 대

하여 정말 올바른 정보를 줄 것인가가 의심스러워서 쓰지 않았다면, 그것이 비로 당신이 그 원정에 얽혀서는 안 된다는 강력한 근거가 되는 것입니다. 불란서 함대가 공개적으로 말하고 있는 한국 원정의 목적은 한국에 해명을 요구하는 것이고, 필요하다면 로마 성직자들을 야만적으로 대량 학살한 데 대한 보복을 하는데 있습니다. 불란서 당국이 그런 행동을 할 것이라는 데 대하여는 놀랄 일이 아닙니다. 하지만 이사회로서는 당신이 그 원정에 얽힌다는 것은 한불(韓佛) 사이에서 당신 스스로 아주 애매한 입장에 말려드는 셈이 되기 때문에 절대 반대합니다. 그 원정 때문에 큰 혼돈이 일어나 한국인들이 다 무서워 바짝 긴장하고 흥분하고 있는 그 현장에 그 원정군과 함께 온 관리로 보이는 사람이 나타나 그들의 영원한 구원과 평화의 복음이란 것을 전한다고 할 때 그 말을 행여 곧이듣기나 하겠습니까.

더구나 당신이 지푸에 갔을 때에 불란서 제독이 남쪽(越南)에 가서 그 원정이 지연되었는데, 그런데도 무장을 한 듯한 선박을 타고 부탁받지도 아니한 자리에 자신을 처하게 한 것은 경솔한 행동임에 틀림없고, 더구나 당신이 파송되고 맡겨진 사역, 바로 그 사명을 완전히 무시하는 행동이 되는 것입니다. 이사회 이사들은 모든 상황들을 다 조심스럽게 고려하고, 관련된 자료들을 다 읽고 듣고 해서 내린 결정이 이것입니다. 곧 당신이 생각하고 있는 사명이나 거기에 따른 행동은 완전히 잘못되었다는 것, 그것입니다.

이사회의 결정은 아래와 같습니다:

불란서 당국이 토마스 씨에게 통역관 자격으로 한국에 같이 가자고 한 제안은 생각해 볼만한 제안이라고 할지라도, 그러나 우리 이사회에서는 토마스 씨가 현명하지 못하게 서둘러 그 제안을 수락하고서는 북경을 떠나 지푸에 간 데에 잘못이 있다고 판단하다. 더구나 로즈 제독이 '코친-중국'으로 간 것을 알면서도 지푸를 떠나 한국에까지 간 것은 본래 잘못된 것이라고 보다. 어쨌든 그에게 제공된 자리는 프로테스탄트 선교사로서의 위상을 곤경에 빠트리게 하고, 다른 나라 정치문제에 휘말리게 하는 처지에 빠지게 하는 것이다. 더구나 지금은 한국 사람들이 극단으로 긴장되어 있는 그런 형편에 순수한 선교 사업을 시작하겠다고 생각하는 것은 도대체 불가능한 일이다. 이런 판단 아래 우리 이사회 특별위원회는 토마스 씨가 지체 없이 곧바로 자신의 임지인 북경에 돌아와서 자기 본분에 충실하기를 원하는 바이다.

북경으로 빨리 돌아와서 당신이 본래 맡은 그 사역을 다시 제대로 시작하시기를 바랍니다. 그리고 다시는 런던선교회의 허락 없이 자리를 떠는 일이 없기를 바랍니다.

언제나 신실하게

경구(敬具)

조셉 뮬렌스

런던선교회 해외총무

6. 티드만 박사에게 〈발문跋文〉

조시아 리스 / 천진(天津) / 1867 5 13

그리고 말입니다. … 그 사건은 이제 반쯤 다 잊히고 말았지만, 우선 우리 선교회가 토마스 씨의 죽음으로[13] 견뎌내야 했던 그 손실을 언급하지 않을 수 없습니다. 한 가지 다지고 싶은 것은 저나 우리 동료들이 있는 힘을 다해서 그가 가는 길을 막았더라면 그 자신에게 그렇게 참혹하고 '선교사 명예'에 그렇게 불명예가 되는[14], 그런 일은 사전에 막을 수 있지 않았을까 하는 생각입니다. 그가 지푸에 간다고 하면서 갑자기 여기를 들렀을 때에 놀랐습니다. 더구나 우리는 그가 부분적인 지식만 가지고 행동하는 것을 알았기 때문에 아주 강하게 반대를 하였던 것입니다. 이 문제를 가지고 에드킨스 씨와 우리 사이에 사무적인 편지들이 왕래하였습니다. 이 편지들은 그가 만일에 돌아와서 조사가 진행되었더라면 여러분에게 보내어졌을 것입니다. 한데 바로 그때에 아시다시피 저는 갑자기 병석에 눕게 되었던 것입니다. 무어헤드 씨와 에드킨스 씨가 충분한 보고를 했기 때문에 (박사님이) 이번 문제를 완벽하게 이해하는 데에 필요한 모든 정보를 가지게 된 줄로 압니다. 토마스 씨가 나에게 마지막 한 말은 "리스 씨, 저는

---

13 순교(殉敎)라는 말을 쓰고 있지 않다. 런던선교회의 이해할 수 없는 자세가 엿보인다.
14 중국 현지 선교사들의 자세.

9일 이내로 돌아옵니다. 에드킨스 씨에게 그렇게 쓰고 말해 주십시요"라는 것이었습니다. 한데 가슴 아픈 것은 그 약속은 이루어질 수 없는 것이 되었다는 것입니다. 내가 상해에 없을 때에 그가 죽었다는 소식이 들려 왔습니다. 자기에게 지워진 의무의 길을 저버리는 것이 얼마나 위험한 일인가 하는 것을 보여주는, 그런 무서운 일이 다시는 일어나지 않기를 하나님께 기도합니다. 뮬렌스 박사님, 그의 문제에 대하여 박사님과 함께 말하던 일들이 다시 떠오릅니다. 박사님이 걱정하던 일이 그렇게 정확하게 입증되었기 때문입니다. 한데 솔직하게 말씀드리면 이사회 위원회가 그에게 다른 기회를 준 것이 잘못되었다는 생각을 하지 않을 수가 없습니다. 우리가 어찌 사람의 속마음까지 읽어낼 수 있겠습니까. 그가 바른 일을 하러 간다고 생각해서 하는 일을 런던선교회가 못하게 막았는데, 결과적으로는 그렇게 막은 것을 (토마스가) 비난할 수는 없게 되었다는 것입니다

조나단 리스

7. 로버트 토마스에게[15]

폴린 모오라쉐 / 메름(Melum, Siene et Marne) 8 폰티에리(Rue de Ponthierry)

불란서 / 1867. 10. 26.

영국 웨일즈 몬마우스주 하노바 근처 로버트 토마스 목사님

아주 오래전에 에드킨스 씨에게서 편지한 통을 받으신 줄 압니
다. 아마 에드킨스 씨는 비통함을 가져다준 목사님의 아들과 제
가 친한 사이였다는 것을 말해주고 싶어 했을 것입니다. 그분은
제가 아는 것 하나하나 다 편지를 써서 알려드리라고 했습니다.
여기 대개 그런 내용을 썼습니다.

저는 아드님을 1864년 여름 북경 에드킨스 씨 댁에서 처음으
로 만났습니다. 그때 아드님은 에드킨스 씨를 만나려고 와 있었
습니다. 저는 보자마자 마음에 확 들었습니다. 그는 원칙의 사람
이요 진지한 말을 쓰고 그만의 소탈하지만 신사적인 품위를 갖추
고 있었습니다. 그때 이미 두 셋 중국인이 그가 얼마나 사근사근
한지 그리고 그가 얼마나 중국말을 잘 하는지 저에게 말해 준 일
이 있습니다. 중국말을 잘 한다는 것은 매우 중요한 일입니다.

얼마 후에 그가 선교부를 떠났다는 이야기를 듣고는 그로해서
선교사역에 끼친 손실 때문에 저는 아주 섭섭하였습니다. 그때
에드킨스 씨 부인에게 그가 떠난 동기를 물었더니, 토마스 씨는

---

15 로버트 제르메인 토마스의 아버지. Rev. Robert Thomas.

독립적인 사람이라, 약간 성급하고 속단하는 편이라고 말하더군요. (저는 영국인이 아니고 독일 사람이라 영어 사용에서 혹 잘못 표현될 수 있습니다.) 그래서 아주 미미한 문제를 가지고 무어헤드 씨(Mr. Muirhead)와 한참씩 다투었다고 하는데 무어헤드 씨 쪽이 그래도 양보를 많이 하였다고 합니다.

목사님의 아들은 1865-1866년에 다시 북경의 선교부로 복직하였습니다. 그때 저는 에드킨스 씨를 한 주일에 한두 번 만나고 있었습니다. 그 때 토마스 씨는 불란서 공관에 공의(公醫)로 있던 내 아들과 아주 친하게 지내게 되었습니다. 나는 그의 모습을 여러 각도에서 보게 되었습니다. 그는 참으로 복음적이었습니다. 그때에는—아직도 그런 것 같은 데— 채플 건물을 런던선교회와 같이 쓰고 있었습니다. 그리고 매일 오전 10시에서 오후 4시까지 정규적인 설교가 진행되고 있었습니다. 한 50 내지 100명의 중국인들이 이래저래 와서 복음의 소식을 들었습니다. 어떤 이는 꾹 참고 듣는 것 같았고 어떤 이는 진지하게 듣고 다들 단정하게 앉고 들었습니다. 이 매일 매일의 복음전도 집회 말고 주일에는 세 군데 채플에서 예배가 드려졌습니다. 이들 여러 곳의 예배는 에드킨스 씨와 목사님의 아들 그리고 몇몇 중국인 전도사가 맡아서 진행하였습니다. 사실 다른 선교회 파송 선교사들도 많이 있었습니다. 다섯 여섯은 되었습니다. 여기 와서 들은 중국인들 중에서 10명이 복음의 말씀을 받아드리기로 결심하였습니다. 그런데 이들 결신자들은 목사님의 아들과 에드킨스 씨 그리고 중국인

전도자들에 의해서 인도된 사람들이었습니다.

우리가 알기는 결신(決信)하는 사람들은 어느 목사의 설교를 듣고, 어느 누구의 책을 읽고, 어떤 경건한 사람의 말을 듣고, 마음을 돌이켜 예수를 믿었다고 말들을 합니다. 한데 여러 사람이 회개하고 예수를 믿었다고들 하지만, 이런 말들은 북경에서는 들어 본 적이 없습니다. 어떤 경우든지 사람이 변화를 일으켜 예수를 믿게 되는 것은 언제나 성경을 읽거나 혹은 기독교 서적을 읽어서 그렇게 해서 됩니다. 그들은 우리가 그렇게 분석하는 것처럼 그들 감정을 그렇게 분석해 보아야 할 것입니다. 사실 구변이 미끈한 설교가의 말보다는 중국말로 서툴게 번역되기는 하였지만 그런 책을 보고 결신하는 경우가 많다고 봅니다. 왜냐하면 중국인들의 까다로운 귀에는 그런 말 잘하는 선교사들이 초라한 학자로 밖에는 보이지 않기 때문입니다.

제가 이런 말을 쓰는 것은 에드킨스 씨의 질문에 대답하기 위해서입니다. 곧 목사님의 아들이 정말 유용하다고 판단한 특별한 경우가 있는가 하는 질문을 저에게 했기 때문입니다. 제가 에드킨스 씨에 관해서도 똑같은 그런 질문을 하였다면 어느 한 중국인도 그의 심령이 에드킨스 씨 설교 때문에 감동을 받아서 예수 믿게 되었다는 그런 말을 하나도 들을 수 없을 것입니다. 다만 그가 아주 선량한 사람이란 말은 자주 들었습니다. 그 이상은 아니라고들 합니다. 사실 내가 느낀 그대로 그리고 성의를 가지고 말한다면 에드킨스 씨는 제가 아는 사람들 중에는 최선(最善)의 사람입니다. 사실 그는 중국인들이 처음 회개하게 하는 그런 매개(媒介)역할을 하였습니다. 그는 아직도 중국인들을 전도사로 삼고 가르치고, 또 북경에 처음으로 기독교 학교를 세웠습니다. 아주 힘든 일이 쌓여 있지만 조용하게 신실하게 일을 잘 해내고 있습니다.

한데 목사님의 아들 역시 매우 유용한 인물로 인정받고 있었습니다. 거기에는 아무 이의가 없습니다. 기간이 갈수록 더 그렇게 되었습니다. 그는 중국인들의 마음을 흠뻑 사는 특별한 재능이 있었습니다. 그런 것이 여기저기 나타나고 있었습니다. 밭에서 일하고 있는 하류층의 농민들은 낯선 사람이 길을 묻거나 할 때에는 대답을 잘 하지 않습니다. 다만 댁의 집안이 어떠신가 라든가 이제 춘추가 얼마시던가 라는 말을 하기 시작하여야만 말문이 열립니다. 모든 선교사들이 이런 예의쯤 다 잘 알고 있습니다. 다만 그런 데에 신경을 쓰지 않는 것이 문제입니다. 그런데 목사님의 아들은 그런 것을 아주 잘 하였습니다. 다른 한편 중국인들은 신사라고 불리는 사람들에게서 품위 있는 어떤 평정(平靜)을 보고 싶어 합니다. 유럽에서는 교육 받은 사람이면 꼭 가져야할 미덕이지요. 목사님의 아들은 이런 자격들을 완벽하게 갖추고 있었습니다. 그는 이런 미덕을 전부 에드킨스 씨에게서 배웠다고 저에게 말하고 있었습니다. 하지만 아닙니다. 그는 본래 이런 미덕을 가지고 있었습니다. 그가 가지고 있는 상상을 초월하는 탁월한 언어의 능력은 결국 그가 다른 사람의 삶을 주의 깊게 그리고 빨리 관찰한다는 뜻이 되는 것입니다. 그리고 그것을 자기 자신의 것으로 만드는 그런 능력이 있었습니다.

두 사건에 나타난 그의 기지(機智)가 제 아들을 놀라게 하였습니다. 그는 아마추어로서 사진을 잘 찍고 다닙니다. 어떤 날 목사님의 아들이 내 아들에게 토아쉥(Toah-Sheng, 生佛)을 하나 찍어 보라고 하였습니다. 한데 생불인 그 사람은 낮은 신분의 사람들에게는 부처가 사람으로 화신(化身)한 것으로 보입니다. 어떤 중국고위 관리들이 우리 불란서 통역관 한 사람과 아주 정답게 말을 하고 있다가 갑자기 그 생불을 교황(敎皇)과 비교하기 시작하였습니다. 그러면서 하는 말이 교황은 성직자들이 선출하고 중국에서는 조정(朝廷)이 한 사내아이를 택해서 '현세에서 죽은 형식으로' 토아쉥으로 삼는다고 하였습니다. 그런데 교황은 독립적이지만 토아쉥은 의존적이란 것이었습니다. 어쨌든 토아쉥은 고위직이요, 거의 신격(神格)을 가졌지만, 제가 아는 한 북경에는 그에게 가까이 간 외국인은 없었습니다. 다만 한번 어떤 로마 가톨릭 선교사들이 불란서공사관의 몇 신사들과 간 일이 있었습니다. 그때가 부처 축제 기간이었습니다. 한데 토마스 씨가 그 토아쉥에게 간 일이 있었습니다. 저는 어떻게 그런 일을 그가 할 수 있었는지 도무지 알 수가 없습니다. 그는 제 아들을 데리고 그에게 가서 그 사람의 사진까지 찍게 하였다는 것입니다. 더욱 놀라운 것은 토마스 씨가 토아쉥과 아주 화기애애하게 이야기를 주고받아서 너무나 분위기가 좋았다는 것입니다.

다른 날 토마스 씨는 제 아들을 데리고 사진 찍으러 가자고 하면서 '하늘의 신전'으로 갔습니다. 그런데 그 입구의 대문은 외국인에게는 출입금지였습니다. 한데 그들은 아무 문제없이 들어갔습니다. 문제는 얼마 후에 일어났습니다. 어떤 고급관리인 듯한 사람들이 와서 시비를 걸었는데 달러를 좀 준다고 해서 해결될 문제가 아니었습니다. 그들은 실제 화가 단단히 나 있었습니다. 그런데 참! 토마스 씨가 그들에게 여러 가지로 말을 잘하고 고하간에 아주 정중하고 당당하게 대해서 그 중국 관리들을 완전히 달래고 진정시켜 해질 녘에는 가장 우호적인 분위기에서 서로 웃고 떠날 수 있었답니다. 그의 중국어 실력과 단정한 예의가 중국 상류 사회에 진입하는 경로가 된 것입니다. 이런 일은 최소한도, 북경에 있는 선교사들은 아직은 꿈도 꾸지 못한 일들이었습니다. 이런 일들이 그의 생애 마지막 중요한 결정을 하는 배경이 되었던 것입니다.

아홉 명의 로마 가톨릭 선교사가 한국에서 살해되었습니다. 북경의 불란서 대리 공사 베로네(M. de Bellonet)[16]는 그런 불법을 처단할 생각이었습니다. 그래서 당시 지푸(芝罘)에 있던 로즈 제독에게 지체 없이 한국 원정에 나가라고 했던 것입니다. 그때는 단 한명의 (불란서)선교사만이 피해서 겨우 목숨을 부지하고 있었고, 그 사람 말고는 따로 통역을 할 만한 사람이 없었습

---

16 백라니(白羅呢)

니다. 그때 불란서 공사관의 루만(M. Lemaine) 일등 통역관이 목사님의 아들이 이런 때 꼭 필요한 존재라고 말했던 것입니다. 아드님은 한국에도 가 본 일이 있고 또 한국말도 잘해서 이번 일에는 아주 적격이라고 보게 되었던 것입니다. 북경에 있는 아드님의 친구들은 이 점을 잘 알고 있었습니다. 북경에는 다섯 선교회가 있었는데 거기 속한 선교사들이 만든 규칙이 하나 있었습니다. 그래서 그 규칙을 가지고 설득하거나 투표해서 대소사(大小事)를 결정하곤 했습니다. 이번에도 그랬는데 에드킨스 씨가 이번 건(件)에는 두 사람의 반대가 있다는 것이었습니다. 한 사람은 미국인인데 정치적인 반감 때문이고(이것은 내 생각도 그랬는데 에드킨스 씨는 그렇지 않았습니다. 멕시코 문제가[17] 아주 힘들었기 때문입니다), 다른 한 사람의 경우는 그것이 로마 가톨릭교회의 문제라는 것이었습니다. 이때 제가 말을 하기 시작하였습니다. "당신들은 로마 가톨릭보다 불교가 좋다는 말씀인가요. 그렇게 잔혹하게 살해된 사람들 편에 서는 것이 옳은 일이 아닙니까. 전쟁은 어떤 것이든 다 반대한다면 모릅니다만." 그때 에드킨스 씨가 곁들어서 "그게 바로 내 생각이요"라고 동조하여 주었습니다. "오늘 저녁 다시 모여서 그 두 분과 함께 의논해 보십시다." 그래서 그렇게 했습니다. 어렵게 모여 의논했다 할지 쉽게 했다고 할지 모르지만 그렇게 했습니다. 아마도 그들은 인간적인

---

17 미국-멕시코전쟁 (1846~1848).

측면보다는 선교사의 이해관계 입장에서 문제를 다루었고, 그래서 마침내 그들 크리스챤 형제들 곧 로마 가톨릭을 위해서 가게 하기로 결정하였던 것입니다.

한국인들은 중국 조정에 조공(朝貢)을 바치고 있습니다. 겨울이면 북경에는 한국 동지사 사절단의 수많은 수행원들이 들끓습니다. 개인적으로 보면 그들은 아주 품성이 곱고 소신이 있으며, 중국인보다는 외국인들에게 훨씬 유연하고 친절합니다. 이들은 한문을 다 잘 읽고 기독교 서적들도 거리낌 없이 잘 받습니다. 목사님의 아들은 1865년에 한국말을 배우려고 거기 갔던 일이 있습니다. 그렇지요? 그래서 북경의 선교사들은 그가 다시 가면 한국 복음 전파의 문을 활짝 여는 기회가 되지 않을까 생각하고 있었습니다. 하지만 이런 것은 저의 생각뿐이었습니다. 그날 저녁 모임의 결과에 대하여서는 아무도 저에게 말해 주는 사람도 없었고 물어보는 사람도 없었습니다.

불란서 일등통역관 루만(M. Lemaine)은 베로네(M. de Bello-net) 대리공사가 토마스 씨를 통역인으로 확보할 수 있어서 너무 기뻐하고 있으며 곧 그와 금전상의 문제를 의논할 것이라고 했습니다. 토마스 씨는 이에 아연 질색하고 이번 일은 선교 사역의 문제이지 개인의 문제가 아니라고 하면서 단호하게 거절하였다고 합니다. 더구나 그는 이번 항해에 있어서 어떤 금전상의 도움도 절대 받지 않는다고 하였습니다.[18] 에드킨스 씨는 지도를 잘 그리는 젊은 중국인을 함께 가게 하였습니다.

그들 일행이 북경으로 떠나고 나서 우리 역시 떠났고, 배편을 기다리고 있는 목사님의 아들을 치엔찡(CienCzin)[19]에서 만났습니다. 한 주일이 지나고 나서 그곳 불란서 영사(領事)가 베로네 대리공사의 편지를 목사님 아들에게 전해 주었습니다. 거기에는 이제 로즈 제독을 만나려 지푸에 갈 필요가 없다는 말이 들어 있었습니다. 로즈 제독은 라이곤(Laigon)[20]으로 갔기 때문입니다. 토마스 씨는 이 뉴스가 불확실하다고 생각했습니다. 우리도 다 그렇게 보았습니다. 그래서 그는 말했습니다. "내 생각으로는 덮어놓고 지푸에 우선 가는 것이다. 거기에는 나에게 얼마를 빚진 사람이 있는데 내가 직접 가지 않고서는 받지 않겠다고 한 돈이다. 그 돈이면 내가 한국에 갈 충분한 여비가 된다. 어떻게 생각하십니까?" 우리는 그의 생각이 좋다고 했습니다. 내 아들은 거기 설득 당해서 토마스 씨의 개인 성격이나 조건이 어느 만큼 로즈 제독에 맞는지를 따지고 나서 원정에 나서면 될 것이라고 생각했습니다. 거기 까지는 생각하지 않았지만, 1865년 9월인가 10월인가 북경의 에드킨스 씨 집 거실에서 뮬렌스 박사(Dr. Mullens)가 했던 말이 생각납니다. 곧 선교사들은 자기들이 지

---

18 Mr. Thomas objected that this was the Missionary establishment's business, not his; he also refused any advance of money for the voyage expenses.
19 장소 불확실.
20 지명 불확실. 사이공(Saigon)일 것으로 여겨짐.

금 하고 있는 일에 자기가 꼭 필요하다고 생각하는 경향이 너무나 많다는 것입니다. 그래서 꼭 필요한 일이 생기더라도 하던 일을 바꿀 생각을 하지 않는다는 것입니다. 그러나 그렇게 하고 나면 훨씬 유능하고 소중한 인물로 돌아온다는 것입니다. 에드킨스 씨는 눈앞에 있는 일들을 척척 해결해 나가는 방법을 알고 있었습니다. 이번에도 토마스 씨가 없는 사이에 할 일들을 다 구상(構想)해 놓고 있었습니다. 이 젊은 사람이 어딘가에 움직이겠다는 그런 자연스러운 희망에 따라 실행하는 일이 잘 되기를 바랄 뿐입니다. 그렇게 해서 그는 떠났습니다.

며칠 뒤에 우리도 집에 돌아가는 길에 지푸로 배를 타고 갔습니다. 토마스 씨는 우리 일행을 위해서 유숙할 집 하나를 구해 놓고 있었습니다. 우리 일행은 저 이외에 제 아들 내외와 두 손녀였습니다. 그는 배 위에까지 올라와서 우리 짐을 챙겨 들어 주었습니다. 유숙할 집에 가자 그는 치엔찡(CienCzin)에서 로즈 제독이 돌아와서 한국에 원정 간다는 명령을 남기고 간 것을 어떻게 생각하느냐고 물었습니다. 이런 일이 있고 나서 두 주일 후에 목사님의 아들이 우리를 찾아와 로즈 제독을 기다리지 않고 한국에 가겠다는 말을 하였습니다. 로즈 제독은 확실히 돌아올 것이고 토마스 씨가 조사해서 알아낸 길로 가면 된다고 생각하여 좋아할 것이라고 말했습니다. "내가 무슨 배를 타고 가는지 말하지 않아도 용서해 주십시오." 이 말은 아주 정중하게 한 말입니다. 하지만 그 말이 아주 단호하여서 뭘 물어보기도 힘들었습니다. 아이고! 저는 다시 그를 보지 못하고 말았습니다.

여러 달 후에야 여기서 발행하는 불란서 신문에서 소름끼치는 뉴스를 읽었습니다. 저는 그때 설상가상으로 병석에 있어서 그 참혹하였을 장면을 그려보노라 침통한 시간을 오래 보내며 힘들어 했습니다. 그렇다고 제가 손이 풀린 것은 아니었습니다. 그의 고통은 극렬하였을 것입니다. 다만 우리는 그 시간이 짧았기를 바랄 따름입니다. 우리 예수님께서 이 어두운 죽음의 골짜기에서 그에게 위로가 되었기를 바랍니다. 그렇게 희망하여야 합니다.[21] 우리 주님에게 아멘 하십시오. 사람의 눈으로 본다면 목사님의 아들은 우리 주님을 끝까지 사랑하였습니다. 주님을 끝까지 섬겼습니다. 그러니 그가 하늘나라 축복의 집에 올라간 것이 확실합니다. 다만 우리는 아직도 죄와 싸우고 죄 때문에 고통을 당하고 있습니다. 주의 뜻만이 이루어지소서. 우리들에게도 결국은 더 좋고 행복한 날이 올 것입니다. 마지막에는!

한 말씀만 더 드리겠습니다. 우리는 '제너럴셔먼호'가 한국에 가고 난 다음 세 주 후에 상해에서 그 선박이 밀항선(smuggler)이라는 소문을 들었습니다. 저는 이 소문이 진실이라고 생각합니다. 토마스 씨는 그가 타고 가는 선박에 대하여 아무 말도 하지 않으려고 하였기 때문입니다. 그의 생각에는 제가 반대하리라고 보아서 말하지 않은 것 같습니다. 중국에서는 밀항(密航), 밀수

---

21 필자가 친 밑줄.

(密輸)가 다반사여서 거기에 대한 왈가왈부가 따로 없습니다. 상해의 한 상인에게 밀항, 밀수에 대하여 물었더니 여기서는 자기도 하고 다들 한다고 말하더라고요. 그러면서도 얼굴은 붉어지고 있었습니다. 중국에서는 다 그런 것 같습니다. 심지어 기독교인까지도 그들이 숨 쉬고 있는 이런 도덕적 악습의 분위기에 젖어있는 것이 사실입니다. 잘 알려진 선교사 그쯔라프(Gutzlaff)[22] 역시 그 당시 관례에 따라서 아편선(阿片船)을 이용한 일이 있습니다. 그는 그런 배를 타고 가서 그 선장과 선원들이 해안에 올라 거래를 하는 동안에 성경을 퍼트리고 구원의 말씀을 전하였던 것입니다. 저는 이런 사실을 웰즈 윌리엄스 박사(Dr. Wells S. Williams)의 〈중국〉(*The Middle Kingdom*)에서 보았습니다. 그는 원래 광동(廣東)에서 일하던 미국 선교사인데 지금은 미합중국의 북경공사관 서기관으로 일하고 있습니다. 목사님의 아들이 목숨을 부지하고 한국에 복음을 전하는 일에 성공하는 일이 주님께 영광이 되는 것이었다면, 20년 향후 아무도 그가 한국에 어떻게 가서 무엇을 하였는지 묻지 않고 다 잊고 말 것입니다. 하지만 그의 이름이 이제 그쯔라프가 지금 그런 것처럼, 칭송될 날이 올 것이 확실합니다.

심판하시는 분은 우리가 아니고 하나님이십니다. 그래서 우리

---

22 K. F. A. Gutzlaff. 1803~1849. 郭實獵. 한영조약(1883)체결 당시 영국대표 Sir. Harry Parkes(巴夏禮). 그의 4촌 Mary Wanstall의 남편이 Gutzlaff.

는 행복합니다. 우리의 죄를 맑게 씻는 것은 그리스도의 보혈뿐입니다. 목사님의 아들도 그렇습니다. 그를 알고 있었던 사람들은 언제나 그의 상냥하고 누구에게나 관심을 기울이던 그의 추억을 오래 오래 기념물로 가지고 있게 될 것입니다.

경애하는 목사님, 제 마음에서 우러나오는 깊은 위로를 받아주시기 바랍니다. 제 편지가 목사님의 상한 심령에 자그마한 위로라도 전해주는 길이 되기를 기도합니다.

폴린 모오라쉐(Pauline Morche)
11월 1일[23]

---

23 편지에 적혀 있는 날짜 그대로임

8. 「런던 & 차이나 텔레그라프」(*London & China Telegraph*) 〈발문跋文〉

1868. 10. 8.

우리 독자들께서는 '제너럴셔먼호'의 한국 항해, 그 선박이 훼파되었다는 소문 그리고 선원, 선부가 화가 치민 그곳 주민들에게 살해되었다는 소식, 이런 것들을 잊지 않았을 것입니다. 한 새로운 정보가 입수되었는데 그것은 여기 말한 것들을 상당히 수정하는 것들이 될 것입니다. 불우한 선원들 중 최소한 두 사람은 아직 생존하고 있다는 그런 소문입니다. 며칠 전(a few evenings ago) 한문으로 쓰인 편지 한 통이 '퍼거슨회사'(Messrs. Ferguson & Co.) 앞뜰에 던져졌는데, 그것을 개봉해 보니 한국으로부터 온 것으로 여겨졌습니다. 거기에는 두 유럽 사람이 아직 생존해 있는데 잘 있으며 대접도 잘 받고 있다는 그런 내용이 들어있었습니다. 그중 하나는 토마스 씨이고 다른 한 사람은 도선사(導船士)라는 것이었습니다. 그 편지는 곧 영국영사관에 전달되었고, 그 영사는 항구에 한국 범선이 하나 있는 것을 알고는 그 선주(船主)를 곧 잡아오라고 명령하였던 것입니다. 아닌 게 아니라 그 선주는 그 편지는 자기가 한국에서 가지고 온 것이고 그것을 퍼거슨 회사 뜰에 던졌다는 것이었습니다. 짐작하건대 그 편지는 토마스 씨의 친구들에게 안심하게 하려고 감옥 간수(看守)의 묵인아래 쓰인 것으로 보입니다. 하지만 그 편지가 만일에 진본(眞

本)이라고 한다면 그것은 외부 간섭의 눈길을 돌리기 위한 것이고 따라서 그의 죽음은 확실한 것으로 판단됩니다.

제 VI부

기타 자료들

1. 조선왕조실록(朝鮮王朝實錄)

고종왕조실록(高宗王朝實錄) 1866. 8. 24. (음 7.15)

(제너럴셔먼호의 모습):

배 안은 회색으로 칠해져 있고 밖은 검은 색으로 도장되어 있는데 거기에 기름과 옻칠을 더하였으며 사방이 모두 널빤지로 만들어져 있고, 돛대는 두 개가 있는데 소나무로 만들어져 아주 세밀하게 기름을 먹여 칠해져 있다. 위에는 아주 단단하게 깃발이 매어져 있고 배 양쪽에 각기 한 문씩의 대포가 설치되어 있다. 세 차례 시범적으로 발사했는데 그 소리가 어찌나 큰지 우레 소리 같았으며 사람들이 모두 놀랐다.

또한 긴 장총 세 개가 이어져 놓여있고 배 위 쪽 구멍에는 족히 일척이 되는 칼과 조총이 수도 없이 붙어 있었다.

배는 길이가 열여덟 장(丈)이고, 넓이가 다섯 장, 높이가 삼장이며, 두 개의 돛대는 하나는 높이가 15장, 다른 하나는 13장이나 되었으며 큰 돛이 삼면에 놓여있었고 흰 밧줄로 두 개의 작은 돛과 연결되어 있다. 기타 잡물들이 많다.

고종왕조실록(高宗王朝實錄) 1866. 8. 24

최난헌(崔蘭軒)은 36세로 키가 7척 5촌이요, 얼굴은 쇄판 같고 머리카락은 금색이요 수염이 나있고, 검은 색 혹은 회색 옷을 입고 검은 색과 흰색이 섞인 모자를 썼으며 검은 가죽신을 신었고 혁대를 차고 있었는데 여기에 작은 권총과 환도(칼)을 차고 있었다. 그는 문직 4품 정도의 영국 사람이다.

일성록(日省錄)1866. 8. 24.

최난헌(崔蘭軒) 그 사람은 비단 중국말을 잘할뿐만 아니라 우리나라 말도 잘하는데 어떤 말은 잘하고 어떤 말은 서툴렀다.

일성록(日省錄)1866. 8. 27

이제 우리 개신교(야소교)는 하늘의 길로 몸을 삼고 사람의 마음을 간사하고 속됨 것으로부터 바르게 하며, 인의(仁義)와 충효(忠孝)를 모두 갖춘 종교로서 가히 천하인민들이 모두 즐겨 따를 만큼 선량한 종교요, 천주교와는 다르다.

고종왕조실록(高宗王朝實錄) 1866. 9. 5

이 사람 최난헌과 조릉봉(趙淩奉)은 선두(船頭)에 뛰어나와 목숨을 구해달라고 간청하였지만 곧 붙잡혀서 해안가에서 붙들려 끌어올려져서 관군(官軍)과 인민들의 분노에 그만 타살 당하였고 모든 것이 섬멸되어서 남긴 것이 하나도 없었다.

일성록(日省錄) 1866. 9. 5

　평양에 정박해 있던 이양선(제너럴셔먼호)이 점점 더 미쳐 날뛰어 포와 총을 쏴대고 우리 인민을 살해함으로 이를 제압하고 이기기 위해 화공을 사용하여 배를 방화하였고 (결국) 배가 불타 버렸다.

2. 복음주의 잡지 및 선교사연대기(*The Evangelical Magazine and Missionary Chronicle*, 1866)

우리들의 형제(로버트 제르메인 토마스)는 알렉산더 윌리엄슨(Rev. A. Williamson) 목사와 연결되어서 성서를 반포(頒布)할 생각으로 한국 서해안 쪽을 여행하고는 돌아왔습니다. 그리고 돌아오자마자 이사들의 지시에 따라서 중국 북쪽에 도착하였습니다. 한국은 가톨릭 선교사들 밖에는 아무도 모르는 미지의 나라입니다. 그가 한 일은 하나도 확실한 것이 없고 또 수많은 위험이 도사리고 있는, 그런 일이었습니다. 하지만 우리 헌신적인 형제가 바다와 육지의 모든 위험을 무릅쓰고 14개월이나 여행을 한 끝에 그가 출발하였던 그 곳에 다시 무사히 돌아 올 수 있어서 감사한 마음 그지없습니다.[1]

---

1 *The Evangelical Magazine and Missionary Chronicle*, 1866, 480.

3. 스코틀랜드국립성서공회(National Bible Society of Scotland) 연례보고서(1866)

지난 호에 한국의 종교 상황(천주교)에 대하여 흥미진진한 사실들을 보고한 바 있습니다. 박해는 이제 5만이 넘는 신도들을 향하고 있습니다. 주교 두 명과 일곱 신부가 참수되었습니다.

토마스 씨는 우리 성서공회를 돕는 그런 형식으로 한국인에 대한 사역을 완수하였습니다. 해안을 따라서 위험을 무릅쓰고 한국인 장사꾼들과 어울리다가 내년 서울에 가는 길에 거기까지 안내하겠다는 사람을 만날 수가 있었습니다. 토마스 씨는 상당한 양의 서적들을 서해안 도처에 배포할 수 있었습니다. 그는 한국말로 된 여러 책들을 구할 수가 있어서[2] 한국말을 익힐 수가 있었고 마침내 서울 토박이말까지 넉넉하게 말할 수 있게 된 것입니다. 생각하면 가슴 아픈 것은 그의 언어습득에 대한 열정이 하도 강열해서 그것이 그를 참혹한 죽음에까지 몰고 갔다는 것입니다.

런던선교회와 다시 연결되어서 중국에 돌아가 하던 일을 계속하였는데 지푸(芝罘)에 다시 돌아오라는 솔깃한 권유를 받았던 것입니다. 불란서 제독 로즈가 불란서 성직자들을 죽인 한국(조

---

2 1855년에 한국에 입국한 베르누주교가 두 대의 인쇄기를 차려놓고 한국말 교리책을 출간하였던 것.『성교요리문답』,『텬쥬셩교공과』,『텬쥬셩교례규』,『성찰긔략』,『령세대의』,『회죄 직지』,『신명초힝』,『텬당직로』 그리고『셩교졀요』등이다. 이 책들을 토마스가 한 세트 가지고 있었다.

정)에 문책하러 가는데 토마스가 가진 한국 해안에 대한 지식과 유창한 한국말의 덕을 보고자 해서 간청했던 것입니다. 그런데 로즈는 갑자기 남쪽에 잠시 가야할 일이 생긴 것입니다. 그러는 사이에 토마스는 한국으로 향하는 '제너럴셔먼호'에 편승하게 된 것입니다. 한데 그 선박이 한국에서 좌초된 것입니다. 베에 탔던 사람들 전부가 한국인들에게 붙들려서 죽임을 당하였습니다. 두렵건대 토마스 씨도 그들 중 하나일 것이라는 생각입니다. 그렇게 발랄하고 유망하고 재능을 타고난 젊은이가 그렇게 사라져 갔다는 것은 믿을 수가 없습니다. 어떤 이유로든 그가 자기 고유의 직책을 떠난 것이 잘못이라고 우리가 개탄한다고 할지라도, 그가 그렇게 한 동기(動機)에 대해서 우리가 공정한 판단을 내린다는 것은 정말 어려운 일입니다. 그만의 잘못만은 아니기 때문입니다.

무슨 목적으로 이 모든 노력이 기울여진 것입니까. 결국 책 중의 책인 우리의 성경을 널리 퍼트리기 위해서 한 것입니다. 그래서 우리는 그 성경이 하나님이 주신 것이라는 것을 확인하고 드높여야 합니다. 그 성(聖)스러움과 지난 역사 속에 나타난 놀라운 일들 그리고 미래를 위한 영광스러운 약속, 그런 것들을 널리 보급하고 알려야 합니다. 성경은 우리 주 예수 그리스도의 말씀입니다. 그것은 교리와 신학 형성에 불가결의 것이기도 하지만, 잃어진 자의 영적 회복을 위해서는 절대 불가결한 것입니다.[3]

---

3 *Annual Report of the National Bible Society of Scotland for 1866*, 41-42.

4. 복음주의 잡지 및 선교사연대기(*The Evangelical Magazine and Missionary Chronicle* 1867)

로버트 제르메인 토마스의 죽음

지난 7월(1866) 한국 사람들은 불란서 정부와 문명 세계의 분노를 불러 일으켰습니다. 몇 명의 로마 가톨릭 신부들을 잔인하게 살해하였기 때문입니다. 불란서 정무가 분개하여 원정군을 보낼 생각으로 한국에서 얼마 전에 돌아온 토마스에게 불란서 함대 사령관이 동행하여 줄 것을 요청하였습니다. 그리고는 한국에 갈 계획으로 지푸(芝罘)까지 진출하였습니다. 그러나 불란서 함대의 한국행이 지연되자 토마스 씨는 친구들의 간곡한 만류에도 불구하고 한국에 갈 생각을 끊지 못하고 미국 선박 '제너럴셔먼호'로 한국행을 결심하였던 것입니다. 이 선박은 한국 해안에 다다라서 어느 강4에 진입하였고, 그러다가 강모래 위에 좌초하게 된 것입니다. 한국 사람들은 이들을 해적(海賊)으로 생각하고 적(敵)으로 다루었습니다. 그래서 선원(船員)과 승객 전부를 잡아 끌어내어 강변에서 목을 쳤습니다. 그리고 선박은 불태워버렸습니다. 최근 한국에서 도망 온 불란서 신부 두 사람에 따르면 이들 중 누구 하나도 살았을 가망은 없다는 것입니다. 이 비보(悲報)

---

4 대동강(大同江).

와는 달리 런던선교회 이사들은 토마스 씨가 자기가 할 일을 뒤로 한 일 그리고 아무 좋은 일도 생길 수 없는 한국에 지혜롭지 못하게 떠나간 일에 대하여 심히 유감스럽게 생각합니다.5

---

5 *The Evangelical Magazine and Missionary Chronicle*, 1867, 116.

5. 런던선교회 의사록(*The Chronicle of the London Missionary Society*, 1867)

북경(北京) R. J. 토마스 목사의 죽음:

최근의 비보(悲報)는 슬픈 일이지만, (런던선교회) 이사회의
이사들은 토마스 씨가 북경에서 그가 하던 직무를 포기하고 떠난
일을 심히 유감으로 생각합니다. 더구나 한국에 되돌아가는 일
같은 것은 아주 지혜롭지 못한 행동이었습니다. 거기서는 아무
좋은 일도 해낼 수 없었을 것이었기 때문입니다.[6]

---

6 *The Chronicle of the London Missionary Society,* 1867, 36.

6. 회중교회 연감(*The Congregational Year Book*, 1868)

목사 부고란(訃告欄):

  * 로버트 제르메인 토마스: 북경(北京). 1866년 7월7. 27세.
교역(敎役)기간-4년

로버트 제르메인 토마스 문학사(文學士 B.A.)는 근래까지 북경
(北京)에서 봉사. 라드노주(Radnor-Shire)의 라야다(Rhaya-
der) 출신. 1840년 9월 6일생이다. 몬마우스 주(Monmouth-
Shire) 하노바교회 토마스 목사의 아들이다. 사무엘(Samuel)
처럼 어렸을 때부터 종교적 분위기에서 성장하였으며, 15세 되
던 해에 그의 부친이 목사인 교회에 정식 교인으로 등록하였다.
16세에 런던대학교에 입학하였고 그 다음해에는 런던대학교 뉴
칼레지에 등록하였다. 이 칼레지에서 그는 5년을 보냈고, 재학하
는 동안에 밀스장학금(Mill's Scholarship)을 받았다. 그리고
그 대학에서 문학사 학위를 수여 받았다. 1863년 6월 4일에 런
던선교회와 연결되어 해외선교사로 하노바교회에서 목사 안수
를 받는다. 다음달 (1864.7)에 그의 사랑하는 아내와 함께 중국 상
해(上海)로 배편으로 떠났고 그해 12월에 안전하게 도착하였다.

그런데 다음 해(1865) 3월에 조산(早産)으로 토마스 부인이

---

7 한국 기록 곧 고종실록(高宗實錄)이나 일성록(日省錄) 등에 음력(陰曆)으로 기
록된 것을 그대로 옮긴 것으로 보임. 토마스 순교는 음력으로는 7월27일, 양력으
로는 9월 5일.

세상을 떠나 홀몸이 된다. 이 갑작스런 침통한 사별이 토마스에게는 견딜 수 없는 비애를 가져다주었다. 그의 생각을 완전히 뒤흔들고 땅에 쏟고 정신을 거의 잃게 만들었다. 그래서 일하는 장소를 바꾸면 그의 건강과 마음의 상처가 좀 나아지지 않을까 해서 북경(北京)으로 그 임지를 옮겼다. 그쪽으로 가는 길에 그는 한국 해안 여기저기 광범위한 지역을 선교 여행하였다. 그는 거기서 그곳 사람들의 호의 넘친 대접을 받았고, 그 사람들과는 상상하기도 힘든 즐거운 교제를 누렸던 것이다. 한국에 프로테스탄트 선교 지역을 설정할 예비 단계로 그는 그들 틈에서 여러 주일을 보냈고, 그러면서 그리스도의 복음, 그 영광스러운 진리를 전파하며 성경책들과 다른 좋은 책들을 나누어 주었다.

한국 사람들이 1865년 불란서 신부들을 죽이고 나서 불란서 제독은 한국에 원정군을 보내려고 하였다. 한데 토마스 씨가 당시에는 동양에서 한국말을 하는 유일한 외국인이었기 때문에 그 원정군에 통역인으로 일해 달라는 권유를 받았던 것이다. 그 목적으로 그는 북경에서 지푸(芝罘)로 달려갔던 것이다. 한데 거기서 그는 그 원정군을 만나지 못하고 '제너럴셔면'이라는 개인 회사의 선박을 타고 한국에 갔던 것이다. 한데 이 선박이 강 한복판에 좌초하게 되고 그래서 그 선박에 탔던 사람 전부가 참혹한 죽임을 당하게 되었다. 토마스 씨가 한국 조정의 명령에 의해서 타살되었는지 아니면 그곳 주민들이 과격한 충동에 의해서 살해되었는지, 그 문제는 아직 풀리지 않고 있는 미문(迷聞)이다. 그는 중국의 섭정(攝政 Regent)왕자가 한국 당국에 보내는 특별 공문을 가지고 있어서[8] 강안(江岸)에 일단 끌려 올려졌다. 그 때 한 책(성경임이 확실)을 읽으며 설명하다가 죽임을 당했다.

이처럼, 27세의 나이에, 어릴 때부터 내내 주님께 봉헌하기로 마음 굳히고 살아오며 훌륭한 선교사로 준비하고 살아온 아주 유능한 청년이 떠난 것이다. 그는 선교사로서는 고도의 희귀한 자질을 가지고 있었다. 상해(上海)에서 일하던 무어헤드 씨(Mr. Muirhead)는 이런 말을 남겼다. 곧 "그는 중국말을 곧바로 상당한 수준에서 숙달하였고, 그와 허물없이 지내게 되었던 많은 중국인들에게서 어떤 경우에든 자유롭게 말을 하고 사람들을 즐겁게 하며 사람들의 마음을 끌고, 누구와도 잘 어울린다고 해서 언제나 칭찬과 사랑을 받아 왔습니다." 그와 친구요 동료였던 북경의 에드킨스 씨(Mr. Edkins)도 이런 말을 하였다. 곧 "우리는 우리가 그렇게 사랑하던 동료 하나를 잃었습니다. 그는 놀랄만한 언어 능력을 타고 났으며, 중국인들과는 깊은 애정을 가지고 서로 상통하였으며, 따라서 중국 안에서는 선교사로서 최고로 유용한 인물이었습니다."

선교사역, 그것이 그의 생의 거대 목표였다. 모든 것은 다 이 고귀한 목표에 종속하는 그런 자세로 애쓰며 살아왔다. 이런 목표가 있었기 때문에 18개월이나 워터만 박사(Dr. Waterman)

---

8 정확하지 않은 소문(所聞).

아래서 의학을 배웠던 것이며, 이런 목표가 있었기 때문에 영국을 떠나기 전에 이미 유럽의 여러 나라 말들을 습득할 수가 있었던 것이다. 그리고 이런 목표를 수행하다가 마침내 순교의 길에까지 간 것이다. 불란서 함대와 함께 한국에 통역인으로 가려던 것도 이 고차의 목표를 위한 한 방법에 불과하였다. 그렇지 아니하였다면 상선(商船)을 타고 한국에 가기 위해서 지푸를 떠나지 아니하였을 것이다. 한국에 가려고 한 것도 우선 한국말을 완전히 익히고 그래서 한국말로 성경을 번역하고, 그 어두운 나라에 프로테스탄트 선교기지(基地)를 설립하려고 하였기 때문이다. 하지만 이 숭고한 일을 완수하지 못하고 도중에 실패하고 쓰러졌다. 이제 이 어두운 섭리 중에서 우리가 할 말은 하나이다.

곧 "우리 주님 당신의 뜻이 이루어지이다."9

---

9 *The Congregational Year Book*, 1868, 247; 296-297.

7. 선교사/선교사회(宣敎師會) 등록부(*A Register of Missionaries and Deputations*, 1877)

로버트 제라메인 토미스, 문학사

1840년 9월 7일 웨일즈 라도노-주 롸야다에서 출생. 몬마우스-주의 하노마교회 교인. 런던대학교 뉴칼레지에서 수학(修學). 중국 선교사로 임명. 운들(Oundle)출신 캐롤라인 고드페리(Caroline Godfery)와 결혼. 1863년 7월 21일 중국 상해(上海)를 향해서 출항, 12월 초에 무사히 도착. 1864년 3월 11일 상해를 떠나 한구(漢口) 방문, 4월 초에 상해로 귀환. 그가 한구에 가 있는 동안 그의 아내 캐롤라인이 3월 24일 병사. 1864년 6월 쯤 그는 북경을 방문하고 다시 상해로 귀환.

1864년 12월 그는 런던선교회에 사직서를 제출하고 지푸(芝罘)에서 세상 직장에 취직.[10] 1865년 그는 다시 런던선교회와의 관계 회복을 타진. 그러나 런던에서의 회답이 오기 전 그는 알렉산더 윌리엄슨 목사(Rev. Alexander Williamson)[11]와 함께 1865년 9월 4일 한국을 향해 출발. 한국에 가서 여기저기 다니다가 12월 초에 한국을 떠나 1866년 1월에 북경(北京)에 귀환.

---

10 해상세관(海上稅關) 통역인(通譯人)으로 취직.
11 스코틀랜드국립성서공회(國立聖書公會) 만주 파견원.

그때 그는 런던선교회에서 다시 받아 준다는 런던선교회 이사회의 회답 편지를 수령. 그 당시 그는 중국 정부 운영의 북경(北京) 영중학교(英中學校, Angro-Chinese School)의 운영 책임. 마틴 박사(Dr. Martin) 부재중의 임시적.

1866년 말쯤에 그는 불란서 함대의 한국 원정에 동행하자는 제의를 받다. 그 목적으로 지푸(芝罘)로 가다. 한데 불란서 함대에 일이 생겨 그 출발이 지연되자 토마스 씨는 미국 선박 '제너럴 셔먼호'로 한국을 향해 떠나다. 그런데 이 선박이 한국의 강들 하나에서 좌초되었고 그래서 한국인들에게 포획(捕獲)되다. 그 선박의 승객이나 선원은 모두 다 죽임을 당한 것으로 보인다.[12]

---

12 *A Register of Missionaries and Deputations*, 1877, 237.

8. 박제형(朴齊炯) / 이수정(李樹廷) 서(序)
: 조선정감(朝鮮政鑑) (1886. 7)

박규수(朴珪壽)[13]는 불법 침투한 제너럴셔먼호를 대동강에 격침시킨 후에, 그 기계들을 물속에서 건져 올려 서울로 보내어서 서양 증기선의 실험을 하도록 했다는 사실이다. 박규수는 제너럴셔먼호의 기계·철물 등은 물론이요, 증기선 장치와 무기들을 낱낱이 수색하여 건져 올려서 평양감영의 무기고에 넣었는데, 그 건져 올린 무기고에 넣은 내역이 대포 2문, 소포 2문, 대포탄환 3개, 철정(鐵碇) 2개, 대소 철연환(鐵連環)줄 162 파(把), 서양철 1,300근, 장철(長鐵) 1,250근, 잡철 2,145근에 달하였다.

이것이 서양식 증기선 제조의 실험을 위하여 서울의 한강에 보내진 것이다. 이때 제너럴셔먼호의 잔해 부품을 대동강에서 건져 내어 서울 한강으로 보내고, 대원군은 이것을 받아서 김기두(金箕斗)라는 기술자를 시켜 『해국도지』(海國圖志)에 의거하여, 서양 증기선의 원리를 본떠서 철선을 제조하고 목탄으로 증기 기관을 작동시켜 기계 바퀴를 돌리는 군선(軍船)을 새로이 제조 실험하였다.

---

13 1807-1876. 실학사상(實學思想)으로 개국 통상론(通商論) 주장. 당시 평안도 관찰사(觀察使).

9. 『런던선교회사(宣敎會史)』
(*The History of the London Missionary Society*, 1899)

1866년, 문학사(文學士) 로버트 제르메인 토마스는 임명받았으나, (중국) 수도에서 (자기가) 할 일에 집중해서 일한 적이 없고, 한국에 배를 타고 갔다가 물에 빠져 익사한 것 같다.[14]

---

14 Lovett, Richard, *The History of the London Missionary Society 1795-1895*, London, Henry Frowde, Vol. II., 1899, 570.

10. 죠선예수교쟝로회 총회 기록들

뎨16회(1927) 회록:

* 헌의부(獻議部) 보고/
도마쓰 목사의 순교긔념회 회쟝 마포삼열 씨의 청원.[15]

* 규칙위원 보고/
五, 도마쓰 목사 순교긔념사업회쟝 마포삼열 씨의 좌기(左記)와 여(如)한 청원을 허락함이 가(可)한 줄 아나이다.
一. 본회의 목뎍:
1. 도마쓰 목사의 전긔(傳記) 발간과 그 관계 서류를 수집.
2. 긔념예배당 건축.
3. 긔념전도사업 계획을 찬셩하야 귀(貴)총회 하에 잇난 전국
교회가 一주일 연보하여 쥬실 일.

二. 본회 규칙 뎨三쟝 뎨五됴 뎨五항 뎨3쟝 뎨6됴 뎨8항 뎨4
쟝 뎨8됴를 허락 하실 일.
1. 뎨3쟝 뎨5됴 뎨5항은 실행위원 二十인(각로회 1인시)
2. 뎨3쟝 뎨6됴 뎨8항은 실행위원은 집행위원의 자문에 응하

---

15 죠선예수교 쟝로회 총회 뎨 16회 회록, 1927, 10. 한문을 토(吐)로 넣은 것은
본문에 없으나 이해를 돕기 위해서 편술자가 삽입한 것.

며 집행위원회 나 위원총회에셔 결의한 것을 자긔 구역 내에
셔 실행할 일.

3. 뎨4쟝 뎨8됴는 실행위원은 죠선예수교쟝로회 총회에서 택
할 일.16

* 도마쓰 목사 순교긔념위원 오문환 씨의게17 10분간 언권(言
權)을 허락하기로 결뎡하매 해씨(該氏)가 승석(昇席)하야 도마
쓰 씨의 전도 약사를 설명하다.

* 도마쓰 목사의 순교긔념사업을 찬죠키 위하야 실행위원을
각 로회에 一인식 택할 거슨 공천부에 막기로 가결하다.18

---

16 죠선예수교 쟝로회 총회 뎨16회 회록, 1927, 22.
17 오문환(吳文煥). 1903~1962. 숭실전문학교 졸, 숭의여학교 교사. 로버트 저
   메인 토마스에 대한 연구 선구자. 1926년 '토마스 목사 순교 60주년 기념식' 거
   행, 1928 『토마스목사전』 저술, 토마스목사순교기념교회당 건립. 1935년 토마
   스 호를 건조 해상 전도. 1938 「쟝로회보」의 편집장, 1940 조선기독교서회(基
   督教書會)의 총무. 1938년 평양기독교친목회창립. 수양동우회 사건에 연루.
   1945년 광복 직후 가족과 함께 월남. 토마스목사기념전도회 재건. 제2복음선
   (福音船) 토마스호 건조. 인천(仁川)에 인천 제1교회, 제2교회, 제3교회 설립.
   경성일보 초대사장, 1946 조선일보 상임고문. 1948 기독공보 운영, 1949년에
   는 한국일보 인수.
18 죠선예수교 쟝로회 총회 뎨16회 회록, 1927, 42.

뎨17회(1928) 회록:

* 도마스긔념위원회 보고

　고(故)도마스목사 순교긔념위원 오문환시의게 언권을 쥬어
해회(該會) 경과상 황을 보고케 하매 그즁 론돈 전도국[19]에서 온
편[20] 서긔로 회답케 하기로 가결하다.

* 도마스 긔념연보

　고(故)도마스목사 순교긔념위원쟝 대리 왕길지 씨가[21] 각로
회에서 수입된 연보(捐補)를 여좌(如左)히 보고하매 채용하다.

　一. 수입총액이 1,204원(圓)60전(錢)
　황해 211원50전 평양 148원80전 평북 102원68전 의산 89
원50전
　안주 84원63전 경남 81원50전 평서 80원56전 함남 62원13전
　경북 53원91전 함북 49원76전 전북 48원70전 경긔 43원
　전남 37원44전 경안 32원 충청 30원54전 함중 29원20전
　동만 22원 순천 11원80전 산서 7원50전.[22]

---

19 London Missionary Society.
20 〈편지〉의 오자로 생각됨.
21 王吉志(Engel,. G. O.) 1864-1939. 호주 선교사로 평양신학교 역사신학 교수.
22 죠선예수교 쟝로회 총회 뎨17회 회록, 1928, 26.

뎨21회(1932) 회록:

* 도마쓰기렴당 헌당식

셔긔가 고(故) 도마쓰목사순교긔렴회쟝 마포삼열시의 셔신을 랑독하매 오문환 시의게 언권을 허락하야 간단히 셜명한 후 九월十四일 하오(下午) 한시 반부터 三시까지만 시무하고 총회원 일동이 도마쓰목사 순교긔렴 례배당 헌당식에 참석하기로 가결하다.[23]

뎨23회(1934) 회록:

* 도마쓰목사 순교기렴회 보고:

도마쓰목사 순교긔렴회에서 순교자(殉敎者)란 것을 편찬하야 해외 사황보고를 대신함에 받기고 가결하다.[24]

23 죠선예수교 쟝로회 총회 뎨21회 회록, 1932, 29.
24 죠선예수교 쟝로회 총회 뎨23회 회록, 1934, 18.

11. 평양 토마스 목사 기념교회당 기념비 비문碑文
   (1932)

> To the Glory of God. Giver of Salvation through His Son Jesus Christ,
>
> and in grateful memory of Rev. Robert Jermain Thomas, B.A., an agent
>
> of the National Bible Society of Scotland, who while introducing the
>
> Scriptures into Korea, gave his life near the spot on which this church
>
> is erected. This stone is placed here by the Directors of the National
>
> Bible Society of Scotland, 1932.
>
> "The blood of the martyrs is the seed of the church."

"그 아들 예수 그리스도를 通하여 救援을 주신 하나님을 榮華롭게 하며 스캇틀랜드 國立聖書公會의 代表者로서 일즉이 聖經을 朝鮮에 傳하다가 이 禮拜堂 近處에서 목숨을 버린 文學士 롸벌트 쩨에인 도마쓰 牧師를 記念하기 爲하야 스캇틀랜드 國立聖書公會 理事들은 主後 一千九百三十二年에 이 記念碑를 세움. "殉敎者의 피는 敎會의 씨라."[25]

---

25 본서 앞부분 사진 참조. 1866년 9월 5일 토마스는 순교할 때 London Missionary Society를 사직한 상태였고, 그의 친구인 National Bible Society of Scotland 만주 주재원 Alexander Williamson과 연결되어 거기서 성경을 많이 얻어 가지고 한국에 갔다가 순교하였던 것.

12. 토마스 연표

1840. 9. 6	로버트 제르메인 토마스, 라드노주의 롸야다에서 출생
1856.	런던대학교 입학
1857. 9. 28	뉴칼레지에서 수학
1863. 1. 5	뉴칼레지 〈밀즈 장학금〉 수령
1863. 5. 23	뉴칼레지 졸업
1863. 6. 4	목사 안수
1863. 6.	캐롤라인 고드페리(Caroline Godfery)와 결혼
1863. 7. 21	중국행 떠남
1863. 12. 1	상해(上海) 도착
1864. 3. 24	캐롤라인 조산(早産)으로 병사
1864. 6. 16	스코틀랜드국립성서공회(National Bible Society of Scotland)와 연결
1864. 12. 7	런던선교회에 사표
1864. 12. 8	지푸(芝罘) 해상세관(海上稅關)에 통역인으로 취직
1865. 7. 27	지푸 해상세관 사표(1865년 8월 31일 부付)
1865. 9. 4	런던선교회에 다시 돌아오겠다는 신청서 제출. 런던에서 회답 오기 전 스코틀랜드국립성서공회와 연결. 한국 서해안 향해 출항
1865. 9. 13	한국 서해안 도착
1865. 12월초	한국 떠나 중국으로 귀환
1866. 1월초	북경 도착/ 런던선교회 다시 돌아와도 된다는 공문
1866. 2. 2	상해(上海) 영국인 교회 Union Chapel 목회 – 무어헤드가 하던 일
1866. 8. 9	토마스 일행의 제너럴셔먼호 중국 산동성(山東省) 지푸(芝罘) 떠남

1866. 8. 16	평남도 용강현(龍岡縣) 다미면(多美面) 주영포(珠英浦) 도착
1866. 8. 17	황해도 황주현(黃州縣) 삼전방(三田坊) 송산리(松山里) 도착
1866. 8. 20	평양 초리방(草里坊) 사포구(砂浦口) 기착
1866. 8. 21	소청선(小靑船)으로 수심 조사차 거슬러 올라감 토마스(崔蘭軒), 신·구교(新·舊敎) 차이 논의
1866. 8. 22	만경대(萬景台) 아래 두로도(豆老島) 정박
1866. 8. 24	평안 및 황해 감사(監司)의 치보(馳報)
1866. 8. 27	한사정(閑似亭)에서 정박/ 소청선(小靑船) 계속 거슬러 올라감
1866. 8. 28	제너랄셔먼호에서 한국 중군(中軍) 이현익(李玄益) 억류. 제너럴셔먼호에서 대포와 조총을 쏘아댐. 황강정(黃江亭) 정박 /평양성민(平壤城民) 모여서 난투석괴(亂投石塊). 제너럴셔먼호 양각도(羊角島) 하단(下端)까지 피난. 퇴교(退校). 박춘권(朴春權)이 중군 이현익(李玄益) 구출
1866. 8. 31	제너럴셔먼호에 불붙기 시작. 조선인 피살. 7인 중상 5인
1866. 9. 5	제너럴셔먼호 소실(燒失), 토마스 강변에서 순교
1866. 12. 4	이때까지도 중국에서는 토마스의 순교 사실 모름

13. 로버트 토마스 목사 선교 여행도

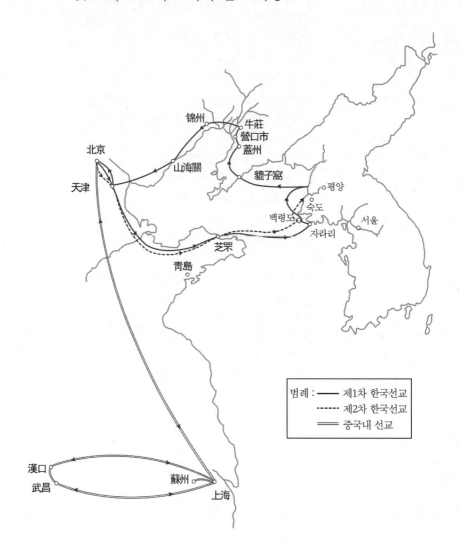

범례 : —— 제1차 한국선교
------ 제2차 한국선교
══ 중국내 선교

참 고 문 헌

1차 자료

The Letters of Robert Jermain Thomas, The Livingstone House Library, London.

The Records and Letters of the Rev. Robert Jermain Thomas, The Livingstone House Library, London.

2차 자료

Davis, Lewis., *Radno-shire*, Cambridge University, Press, 1920.

Evans, Herbert A., *Monmouth-shire*, Cambridge University, Press, 1911

Fletcher, J. M., *The Naughty Missionary*, London Missionary Society. 1969.

Gale, J. S., The Fate of the General Sherman, from an eye witness, *The Korean Repository*, July 1895.

Knight, G. A. F., *The History of the National Bible Society of Scotland*, Part, I, 1809-1900 (type-written 미간행)

Lovett, Richard, *The History of the London Missionary Society* 1795-1895, London, Henry Frowde, Vol. II., 1899, 570.

Moffett, Samuel H., Thomas First Protestant Martyr, *The Korea Herald Sunday*, April 22 1973.

_____, Thomas' Second Trip to Korea. *The Korea Herald Sunday*, May 6 1973.

Oh, M. W., *The Two Visits of Rev. R. J. Thomas to Korea*, A Transaction of the Royal Asiatic Society, Korea Branch, Vol. xxii, 1933, Seoul.

The Martyr of Korea, *The Welsh Times*, July 24, 1950.

Thomas, G. t., *Brecon and Radnor Congregationalism*, Commemoration Volumes, ed. by Merthyr Tydfil, 1912.

Thomas, Norman., *The Story of the Swansea's Districts and Villages*, nd., np..

Underwood, H. H., The "Thomas", *The Korean Mission Field*, September, 1935.

Williamson, A., *Journeys in North China, Manchuria, and Eastern Mongolia with Some Accounts of Corea*, London, Smith Elder & Co,, 1870.

高宗實錄, 日省錄, 承政院日記, 高宗 2-3年.

朴齊炯, 朝鮮政鑑, 1886. (朝鮮漫士 李樹廷 序)

吳文煥, 도마스목사傳, 平壤, 도마스牧師殉教紀念會, 1928.

A Register of Missionaries and Deputation from 1796 to 1877, ed. by John Owen Whitehouse, Yates and Alexanders, London, 1877.

The Annual Reports of the National Bible Society of Scotland, 1866.

The Chronicle of the London Missionary Society for 1867.

The Congregational Year Book, 1860-1868, 1885, London, Jackson, Walford, & Hodder.

The Congregational Calendar and Family Almanac for 1840, London.

The Dictionary of Welsh Biography down t0 1940, ed. by Sir John Edward LLyod and R. J. Jenkins, London, B. H. Blackwell, 1959.

The Evangelical Magazine and the Missionary Chronicle, 1840-1870, London.

The History of the London Missionary Society, ed. by Richard Lovett, Henry Flowde, London. 1899.

The Minutes of Councils, The University of London New College, 133rd Meetings (July 21, 1856)-243rd Meetings.(June 22nd 1863.

The Story of Swansea's Districts and Villages, nd., np.